지역의 언어와 표현

17

지역의 언어와 표현

박순혁 지음

이 저서는 2018년 정부(교육부)의 재원으로 한국연구재단 대학인문역량 강화사업(CORE)의 지원을 받아 수행된 저서임

들어 가기

언어는 포괄적 의미에서 의사소통을 위한 수단으로 인식되어 왔다. 지구상에 7천 개 이상의 언어가 사용되는 것으로 알려져 있는 현재, 이러한 개별 언어들의 행태와 활용을 자세히 살펴봄으로써 언어 사용자, 거주하는 지역, 그 문화와 사고 등 해당 언어와 관련되는 많은 정보들을 알 수 있기 때문에 언어에 대하여 다각적인 측면에서 연구가 활발히 진행되고 있다.

인간의 지각과 사고방식의 형성과 사용하는 언어와의 상관관계에 대한 첨예한 논의가 있으나, 분명한 것은 적어도 언어를 살펴봄으로서 그 화자와 언어 공동체 및 관련되는 많은 내용들을 파악해낼 수 있다는 것이다. 이러한 상관관계를 정확히 파악하는 것은 더 나아가 인간의 지각과 사고가 언어와 밀접한 관계가 있고, 언어 행태의 여러 특징들에는 그 언어 화자가 가지고 있는 지각과 사고 뿐 만 아니라, 이를 형성하는데 영향을 주었을 문화, 지역, 역사, 정치, 경제 등 많은 요인들을 알아 낼 수 있는 정보가 들어있다는 사실이다.

이러한 목적과 관련하여 많이 거론되어온 것이 언어가 가지고 있는 어휘, 음성 및 의미적 정보이다. 예를 들어, Eskimo인들에게 다양한 종류의 눈(snow)을 표현할 수 있는 어휘들이 많이 있다거나, 한국인들에게 색상(color)이나 온도(temperature) 등에 있어서 다른 언어에 비해 풍부한 표현방식으로 그 미묘한 차이를 나타내는 것 들이다. 의성어나 의태어 등에서도 또한 해당 지역의 문화를 볼 수 있는 특징들이 많다. 같은 동물의 울음소리이지만 지역과 언어마다 음성적 표현 방식이 다르고, 의미도 해당 어휘나 표현에 국한되어 해석되거나, 주제화, 은유나 문맥 등의 상황을 고려하는 방식으로 해석되기도 한다. 서반아어와 러시아어는 화자들이 '동작주/행위자성(agentivity)'를 회피하는 경향이 높은 편이며, 그 언어적 표현에서 'se'와 'sja'의 재귀사로 수동태를 활용하는 것과 무관하지 않은 것으로 알려져 있다.

외국어 교육에서도 언어 간 어족 등 본질적 차이가 있기 때문에 상호 긍정적인 전이(transfer) 현상의 정도와 차이에 따라 매우 신중하게 접근해야한다고 제시한다. 또한 언어 간의 속담 비교분석 연구에서 해당 언어들의 역사와 문화적 배경 없이는 거의 파악할 수 없는 경우가 대부분이며, 간혹 유사한 표현이 두 언어에 존재하고는 있다 하더라도 교류나 번역의 절차상의 우연한 결과로 간주하는 경향이 있어 왔다.

본 저서에서는 지역 간 언어들과 그 관련 내용들을 살펴보기 위해 어휘나 음성, 의미적 측면의 기존 탐구영역을 벗어나, 문장의 표현형식 단위에서의 언어 간 특성에 초점을 두고 논의하고자 한다. 그 중에서 특히 문장의 태(voice)를 중심으로 살펴보고자 하는데, 그 이유는 앞의 서반아어와 러시아어 등에서처럼 능동태(actives)와 수동태(passives)의 문장 형식은 그 구성 어휘들은 비슷하지만, 그 의도와 상황 심지어 주어의 특성 등에 따라 언어별로 선택 방식이 확연하게 달라지는 특징이 있기 때문이다.

일반적으로 수동태의 보편적 특성을 '동작주/행위자성(agentivity)의 약화(underscoring) 혹은 필수에서 선택(optionality)으로 변화'에 두고 있다. 동사(술어)가 행하는 행위의 주체에 대한 중요도가 감소하거나 사건(event)에서 완전 삭제되어 버려 행위자성을 무시하거나, 중요하게 생각하지 않거나, 혹은 의도적으로 제거하려는 목적을 위해 선택되는 형식이 수동태라는 것이다. 지구상 존재하는 언어들에는 이와 같은 특징의 수동태 표현 양식이 없는 경우도 많은 것으로 알려져 있다. 그러나 최근의 연구에서는 수동태가 없는 것으로 알려져 있던 언어라도 유사-수동태(pseudo-passives) 양식으로 표현되는 경우도 있어 수동태 사용 유무에 대하여 언어들이 재분류되고 있다.

이와 같은 행위자성에 대한 변화와 동시에 수동태의 또 다른 특징은 능동의 목적(object)이 사건의 대상(theme)에 해당하는 역할에서 행위자성을 보이던 주어 자리로 이동, 즉 문장의 맨 앞자리로 이동함으로써 그 문장 혹은 행위의 중요도가 행위자에서 대상으로 변경되는 결과를 가져오는 효과, 소위 능동 목적어의 강화(promotion)가 또한 수동태의 중요한 기능이다.

사건(event)에서 행위자성이 약화된다는 것은 해당 언어의 문화적 측면을 반영한다는 주장이 있다. 남아시아어에서 그러한 현상이 특히 두드러지는데, 그 중심에는 고난(adversity)이라는 의미적 자질 (feature)에 대한 민감도와 관련이 있다. 수동태에서는 사건의 행위자 보다는 피동자(patient)에 초점이 맞추어지고 피동의 대상은 고난의 과정을 겪게 되는데 이러한 의미적 변화를 보여주기 위해 선택되는 문형이 수동태라는 것이다. 문화적으로 행위자성을 약화시키려는 현상이 팽배하다면 그 언어에는 상대적으로 수동태의 선택이 높을 수 있고, 이는 수동형을 선택하게 하는 자질이나 특성이 두드러지게 표출되는 언어적 특성을 가질 수 있다고 보는 것이다.

즉, 일반적 활용의 능동태에 비해 수동형은 주어 혹은 행위나 상태의 주체를 사용하지 않거나 문장의 뒷자리로 넘김으로서 생길 수 있는 의미상의 변화를 가져오기 때문에 수동태를 선택하여 사용하는 데에는 나름의 이유가 있을 것이기 때문이다. 따라서 언어 간 수동태의 종류와 사용 빈도 그리고 사용되는 특정 상황이나 환경을 비교한다면 그 언어가 사용되는 지역의 문화 또한 예측할 수 있을 것으로 기대한다.

본 저서에서는 세계 여러 지역을 대표하는 언어들의 수동태에 대한 특성을 비교 분석함으로서 지역 간의 문화와 연관하여 살펴보고자 한다. 여기에서 논의되는 언어는, 영어와 서반아어, 중국어, 일본어, 미얀마어, 한국어, 베트남어, 태국어, 그리고 여러 지역의 크레올이다. 그리고 이러한 각 언어 별 수동태 분석은 궁극적으로 언어의 보편성와 다양성에 대한 논제 하에서 논의될 것이며, 특히 생성문법의 원리와 매개변항 이론(principles and parameters theory)의 틀 속에서 진행될 것이다.

　본 저서의 구성은 다음과 같다. 제 1장은 언어의 특성을 주제로 언어와 사고/문화의 관계와 언어의 보편성 그리고 지역 언어들의 분류와 개략적 특성을 정리한다. 제 2장은 언어에 대한 다양한 연구 분야와 목표 그리고 융합적 접근의 사례들을 제시하고, 그 과정에서 언어의 역사와 언어의 구조를 논의한다. 제 3장은 태(voices)에 대한 자세한 내용들을 다룬다. 태의 의미와, 특히 수동태가 가지고 있는 언어 그리고 그 화자들의 특성들을 정리하고, 언어간 드러나는 특성과 차이를 비교분석한다. 수동태의 기본적 내용과, 유사수동태의 종류와 특징, 그리고 어순 변화에 의한 효과를 다룬다. 제 4장은 수동태의 선호와 수동태 선택에 영향을 미치는 요인들을 살펴본다. 이를 위해 심리언어학적 실험과 코퍼스 분석의 결과에 대한 선행연구들을 소개하고 그 의의를 논의한다. 제 5장은 위의 내용들에 대한 요약과 종합적 내용으로 구성된다.

목 차

제 1 장

언어의 특성

1.1. 언어와 사고/문화

언어는 포괄적 의미에서 의사소통을 위한 수단으로 인식되어 왔다. 인류의 출현 및 언어의 기원에 있어서 학자들 간 논란의 여지가 있지만, 현재 언어의 행태와 활용을 보면 이것이 사실인 것처럼 보인다. 그럼으로 해서, 언어에는 그 언어를 사용하는 사람들, 거주하는 지역, 그들의 문화와 사고 등 해당 언어와 관련되는 많은 정보들이 들어있다고 보고 여러 측면의 언어학적 연구가 진행되고 있다.

Sapir-Whorf 가설에 따르면, 인간의 지각과 사고의 방식은 인간이 사용하는 언어에 의존한다고 한다. 즉, 인간이 어떤 언어를 사용하고 활용하는가에 따라 인간의 사고 또한 그것에 맞추어 형성된다는 것이다. 인간의 사고가 언어의 하위 개념으로 존재한다는 이러한 주장은 그 반대 입장과 심각한 논쟁을 계속하고 있지만, 언어와 인간의 상관간계를 파악하는데 있어 중요한 연구의 계기가 된 것은 사실이다. 그 이유는 상대를 잘 이해할 수 있는, 상대의 지각과 사고의 방식을 잘 이해할 수 있는 방법으로 그 사람의 언어를 알아두는 것이 유효하다고 보기 때문이다.

언어 사용의 행태를 이해하는 과정에는 그 언어의 표현 혹은 그 언어가 가지고 있는 문법 체제의 이해가 필수적이다. 어떤 언어의 화자가 다른 언어를 접할 때 얼마나 두 언어 사이의 행태가 다른 지를 알 필요가 있다. 언어들 간에 존재하는 차이가 바로 본인의 지각과 사고가 상대방의 그것과 얼마나 다를 수 있는지를 가늠해 낼 수 있다는 점에서 더욱 흥미롭다.

물론 언어가 존재하고 인간의 지각과 사고가 그 하위 개념으로 남아있는지, 아니면 그 반대로 언어의 행태가 인간의 지각과 사고로 생긴 부산물인지에 대한 논쟁은 잠시 접어두고, 우리가 관심을 갖는 부분은 인간의 지각과 사고가 언어와 밀접한 관계가 있고 언어행태의 여러 특징들이 그 언어 화자가 가지고 있는 지각과 사고 뿐 만 아니라, 이를 형성하는데 영향을 주었을 문화, 지역, 역사, 정치경제 등 한 번에 분석하기에 불가능할 만큼의 요인들이 들어 있다고 본다는 것이다.

이와 관련하여 가장 많이 회자되는 것이 언어가 가지고 있는 어휘, 음성 및 의미정보의 예들이다. Eskimo인들에게 다양한 종류의 눈(snow)을 표현할 수 있는 어휘들이 많이 있다거나, 한국인들에게 색상(color)이나 온도(temperature) 등에 있어서 다른 언어에 비해 풍부한 표현방식으로 그 미묘한 차이를 나타내는 것 들이다. 의성어나 의태어 등에서도 또한 해당 지역의 문화를 볼 수 있는 특징들이 많다. 같은 동물의 울음소리이지만 지역과 언어마다 음성적 표현 방식이 다르고, 의미도 해당 어휘나 표현에 국한되어 해석되거나, 주제화, 은유나 문맥 등의 상황을 고려하는 방식으로 해석되기도 한다.

한편, 서반아어의 표현을 보면 화자들이 행위자성을 회피하는 경향이 있는 것으로 알려져 있다(http://mimundo-contigo.tistory.com/59). 혹자들은 이것을 화자들의 자기 방어적 성향이라고도 표현하는데, 그 특징적 표현으로 'se' 재귀사를 문장 앞에 내는 방식이다. '약속을 잊었다'는 의미로 'Se me olvidó' 그리고 '휴대폰이 떨어졌다'는 의미로 'Se me cayó el celular'로 표현된다고 한다. 또한 '그림 두 개가 발견되었다'의 의미로 'Se encontraron dos nuev-o-s cuadros'로 표현 되는 등 사건의 중심이 행위자가 아닌 표현들로 '동작주/행위자성'이 약화되거나 삭제되는 유형이다. 이러한 유형은 러시아어에도 나타나는데 'Doma strojat-sja (집이 지워졌다)'에서'-sja'의 재귀사가 그러하다.

이하원・채희락(2011)은 더 나아가 외국어 교육에서도 영어와 서반아어의 조합을 통한 외국어교육과 영어와 한국어의 조합에 의한 외국어 교육은 어족 등의 본질적으로 차이가 있기 때문에 상호 긍정적인 전이(transfer) 현상의 정도와 차이에 따라 매우 신중하게 접근해야 한다고 제안한다. 임효상(2009)에서는 한국어와 서반아어의 속담을 비교 분석하면서 그 언어의 역사와 문화적 배경 없이는 거의 파악할 수 없는 경우가 대부분이며, 간혹 유사한 표현이 두 언어에 존재하고는 있지만 이것은 문화 교류 과정에서 번역의 절차 상 생긴 우연한 결과이거나, 동일한 상황에 대한 표현 방식이 두 언어 간에 일치하였거나 유사한 과정을 거친 것으로 보고 있다.

본 저서에서는 이러한 기존의 어휘나 음성, 의미 측면에서의 특성보다는 문장의 표현형식 단위에서의 언어 간 특성에 초점을 두고자한다. 그 중에서 문장의 태(voice)가 가장 두드러지는 문장 표현방식중에 하나인데, 그 이유는 능동태와 수동태는 문장 구성 어휘들은비슷하지만 그 의도와 상황 심지어 주어의 특성에 따라 태의 선택이확연하게 달라지는 현상이 포착되기 때문이다.

수동태의 보편적 특성에 대하여 Shibatani(1985)는 '동작주/행위자성(agentivity)의 약화(underscoring) 혹은 필수에서 선택(optionality)으로 변화'로 규정한다. 지구상 존재하는 언어들 중에서 수동태로표현되는 형식이 있는 언어로 분류되기 위해서는 이와 같은 보편적특성을 만족해야 한다는 것이다. 만약 이러한 특성을 보이는 문형이나 형식이 없으면 그 언어는 결국 수동태가 사용되지 않는 언어로분류될 수도 있다. 이처럼 행위자성이 태에서 아주 중요한 판단 근거가 된다는 것이다. 보다 자세히 말해, 동사(술어)가 행하는 행위의주체에 대한 중요도가 감소하거나 사건에서 완전 삭제되어 버려 행위자성을 무시하거나, 중요하게 생각하지 않거나, 혹은 의도적으로제거하려는 목적을 위해 선택되는 형식이 수동태라는 것이다.

이와 같은 동작주/행위자성에 대한 변화와 동시에 수동태의 또 다른 특징은 능동의 목적(object)이 사건의 대상(theme)에 해당하는 역할의 자리에서 이탈하여 행위자성을 보이던 주어 자리를 차지함으로서, 즉 문장의 맨 앞자리로 이동함으로써 그 문장 혹은 행위의 중요도가 행위자에서 대상으로 변경되는 결과를 가져오는 효과, 즉 능동 목적어의 강화(promotion)가 또한 수동태의 중요한 기능이다.

사건(event)에서 동작주/행위자성이 약화된다는 것은 해당 언어의 문화적 측면을 반영한다는 주장이 있다. 남아시아어에서 그런 현상이 특히 두드러지는데 그 중심에는 고난(adversity)이라는 의미적 자질(feature)에 대한 민감도와 관련이 있다. 수동태에서는 사건의 행위자보다는 피동자(patient)에 초점이 이루어지고 피동의 대상은 고난의 과정을 겪게 되는데, 이러한 의미적 변화를 보여주기 위해 선택되는 문형이 수동태이라는 것이다. 문화적으로 행위자성을 약화시키려는 현상이 팽배하다면 그 언어에는 상대적으로 수동태의 선택이 높을 수 있고, 이는 수동형을 선택하게 하는 자질이나 특성이 두드러지게 표출되는 언어적 특성을 가질 수 있기 때문이다.

즉, 일반적 활용의 능동태에 비해 수동형은 주어 혹은 행위나 상태의 주체를 사용하지 않거나 문장의 뒷자리로 넘김으로서 생길 수 있는 의미상의 변화를 가져오기 때문에 수동태를 선택하여 사용하는 데에는 나름의 이유가 있을 것이기 때문이다. 따라서 언어 간 수동태의 종류와 사용 빈도 그리고 사용되는 특정 상황이나 환경을 비교한다면 그 언어가 사용되는 지역의 문화 또한 예측할 수 있을 것으로 기대한다.

본 저서에서는 세계 여러 언어들의 수동태에 대한 특성을 비교 분석함으로서 지역 간의 문화와 연관하여 살펴보고자 한다. 여기에서 논의되는 언어는, 영어와 서반아어(스페인 서반아어와 멕시코 서반아어), 중국어, 일본어, 미얀마어, 한국어, 아랍어, 서반아어, 베트남어, 태국어, 그리고 여러 지역의 크레올이다. 그리고 이러한 각 언어별 수동태 분석은 궁극적으로 언어의 보편성와 다양성에 대한 논제

하에서 언급될 것이며, 특히 생성문법의 원리와 매개 변항 이론 (principles and parameters theory)의 틀 속에서 진행될 것이다.

1.2. 언어의 보편성

지역 별 언어들의 특성을 비교 분석함에 있어서 언어의 보편성과 다양성이라는 개념은 언제나 핵심의 과제가 되어 왔다. 수동태라는 문형이 특정 언어에만 보이는 언어 행태라면 수동태를 중심으로 언어 간 특수성을 비교할 수 없을 것이다. 초기 수동태에 대한 언어 보편성의 연구에서 영어식의 통사적 형식을 기준으로 분류하였다. 그러나 지구상에는 영어식의 통사적 수동태를 보유하지 않은 언어들이 많지만 그 의미와 활용은 수동태의 그것과 유사하게 사용되는 언어가 있다. 결국, 수동태는 기본 수동태와 유사 수동태의 형식으로 나누어지고 모두 수동태의 양식으로 간주되고 있다.

이처럼 특정 형식에 대한 정의가 적절하게 이루어지면서 언어의 보편성에 대한 개념 또한 다르게 적용되고 있다. 기본적으로 언어의 보편성 개념은 Greenberg(1966)의 제안에서 비롯된다고 본다. 그는 일부 언어들의 자료를 수집하고 이 자료들을 언어 유형론적(typological), 통사론적(syntactical), 그리고 형태론적(morphological) 분류 방식으로 언어들에 나타나는 형태적 특성들을 언어유형별로 분류하고 그 분류를 근거로 언어 보편성을 주장한다.

즉, A라는 특성을 가지고 있는 언어들은 B와 C의 특성을 함께 가지는 경향이 높고, 한편 D라는 특성을 가지고 있는 언어는 E와 F의 특성을 함께 가지는 경향을 발견한 것이다. 더 나아가 G라는 특성은 B와 E를, H라는 특성은 C와 F를 가지는 경향 또한 발견하였다. 이런 방식으로 언어를 형태론적으로 언어유형별 분류를 하여 결국 해당 영역의 언어들 간에는 보편성을 보일 수 있다고 주장한다.

예를 들어, "평서문에서 명사 주어와 목적어는 거의 언제나 주어가 목적어를 선행한다," "VSO 어순의 언어들은 거의 언제나 전치사를 보유한다," "VSO의 평서문 어순을 기본형으로 하는 언어들은 의문사 의문문에서 의문사를 문두에 두며, SOV 의 평서문 어순의 기본형 언어들은 이러한 규칙을 적용하지 않는다," 혹은 "접미사를 광범위하게 사용하는 언어에는 후치사가 있으며, 접두사를 광범위하게 사용하는 언어에는 전치사가 있다" 등이 그 보편성의 일부이다.

이를 근거로 Prasithrathsint(2003)은 태국어의 수동태를 분석함에 있어 Givón(1979), Siewierska(1984), 및 Keenan(1990)의 분류를 근거로 20가지의 수동태 유형을 제시하고 분류하였다. 그 유형은 다음과 같다.

(1) a. 수동(passive)과 능격(ergative)
    b. 순 수동(true passive)과 유사 수동(pseudo passive)
    c. 직접 수동(direct passive)과 간접 수동(indirect passive)
    d. 통사 수동(sentential passive)과 어휘 수동(lexical passive)
    e. 인칭 수동(personal passive)과 비인칭 수동(impersonal passive)

f. 일반 수동(plain passive)과 재귀 수동(reflexive passive)

g. 중립 수동(neutral passive)과 고난/우호 수동(adversative/favorable passive)

h. 기본 수동(basic passive)과 탈-기본 수동(non-basic passive)

I. 합성 수동(synthetic passive)과 완곡 수동(periphrastic passive)

j. 피동 주어 수동(passive with patient subject)과 비-피동 수동(passive with non-patient subject)

(Prasithrathsint 2003)

Keenan(1990)은 일찍이 언어 유형론적으로 수동태를 언어보편성의 논의에서 크게 두 종류, 즉 기본 수동태와 탈-기본 수동태로 나누고, 기본 수동태에는 다음의 세 가지 특징이 있다고 정의 내린다.

(2) a. 행위자(agent)가 없다.
    b. 수동태 동사는 타동사(transitive verb)이다.
    c. 수동태 동사는 행위(action) 동사이다.

이러한 특징을 기준으로 언어별 수동태에 대한 일반화를 다음과 같이 규정한다.

(3) 수동태가 없는 언어가 존재한다.
(4) a. 만일 수동태가 있다면, 기본 수동태로 간주될 수 있거나 기본 수동태이다.
    b. 만일 수동태가 행위자를 보유하면, 행위자가 없는 수동태도 가능하다.
    c. 만일 상태 동사로 수동태가 되면, 행위 동사로도 수동태가 가능하다.
    d. 만일 자동사로 수동태가 되면, 타동사로도 수동태가 가능하다.
(5) 본 수동태가 있는 언어들은 하나 이상의 구별되는 수동형이 가능하다.
(6) 만일 수동태가 있다면, 완료 의미로 사용될 수 유형도 가능하다.
(7) 만일 둘 이상의 기본 수동태가 있다면, 행위자성을 기준으로 구별될 수

도 있다.

(8) 수동의 주어는 능동의 목적어로 나타날 때보다 그 피영향성(affectedness)
이 절대 덜 하다고 볼 수 없다.

(9) 수동태의 구별은 그 주어의 피영향성의 정도와 영향의 긍정 혹은 부정
적 측면에 따라 달라질 수 있다.

(10) 목적어를 취하는 타동사가 수동태로 되면, 명사구를 취하는 타동사도
수동태가 된다.

(11) 기본 수동태를 보이면, 'give'와 'show' 등의 경우도 수동태가 되어 도
출 주어는 행위 동사의 피동자가 된다. 수혜자가 주어가 되는 수동태
는 있을 수도 없을 수도 있다.

(Prasithrathsint 2003)

이러한 표면 상 드러나는 언어 유형별 보편성에 반하여, Chomsky
(1965)는 심층의 보편성을 제기하였다. 즉, 의문사 의문문에서 어떤
언어들은 의문사가 원래의 자리에서 문장 앞자리로 가시적(overt) 이
동을 하여 의문의 해석을 제공하고, 어떤 언어들은 의문사가 가시적
으로 이동하지 않고 대신 의문 접사(question affix)로서 의문의 해석
을 야기하지만 해석 단계(logical form: LF)에서 다른 언어와 마찬가
지로 의문사가 문두로 비가시적(covert) 이동을 하게 되고, 따라서
두 언어 유형 모두 LF 단계에 동일한 구조와 어순을 보유한다는 측
면에서 심층적 언어 보편성을 주장하였다.

언어의 보편성은 표면의 정보로 판명할 것이 아니라 내면적 정보
로 판단되어야 한다고 보는 경향이 있다. 즉, 외형적 형태나 어순 문
장의 형식으로 판단하기 보다는 이전의 단계, 소위 심층 단계(deep
stage)에서 비교 분석할 것을 제안한다. 이것은 획기적인 전개 방식
을 야기하게 되는데, 이러한 제안의 근거에는 모든 문장들이 일종의

심층 구조(deep structure)과 표층 구조(surface structure)로 전개되고, 우리가 목격하고 사용하는 것은 표층적 정보일 뿐이고 그 이전 혹은 이면에는 심층적 정보가 있다는 것이다. 이처럼 모든 표층의 언어 정보는 심층 단계에서 일종의 변형(transformations)를 거치게 되기 때문에 표층이 아니라 심층의 언어 정보를 통해 언어의 보편성을 포착해낼 수 있다고 보는 것이다.

이러한 접근의 가장 대표적 예로 의문사(wh-) 의문문이 있다. 다음의 경우를 보자.

(12) 철수가 누구를 보았니?
(13) Who did John saw?

위의 예문 (12)과 (13)는 한국어와 영어의 의문사 의문문이다. 두 언어의 공통점은 동사 '보다(know)'가 2항 술어(2-place predicator)로서 '철수/John' '누구/whom'의 항들을 요구한다는 점이다. 그러나 두 언어의 차이는 한국어(12)에서 의문사 '누구'는 원래의 목적어 자리에 그대로 나타날 수 있지만, 영어(13)에서 의문사 'whom'은 문장 앞으로 전치된다는 점이다.

만약 Greenberg의 견해에 따른다면, 두 언어는 언어의 다양성의 예로 분류될 것이다. 그러나 Chomsky의 심층-표층 및 변형 규칙을 적용하면 결국 두 언어는 같은 부류에 해당하는 언어의 보편성에 해당하는 예가 될 수도 있다. 즉, (12)에서 목적 의문사 '누구'가 표층에서는 목적어 자리에 그대로 유지되고 있는 것처럼 보이지만, 이후의 해석 층위인 논리 형태(logical form: LF)에서는 (12)가 (14)의 어순을 보이게 되기 때문이다.

(14) 누구를 철수는 __ 보았니? : LF

즉, 목적 의문사가 (13)의 영어에서와 같이 문장 앞으로 전치되는 층위가 있고, 이 층위를 기준으로 보면 (13)과 (14)는 결국 같은 어순을 보이기 때문에 보편성에 해당한다는 것이다.

이렇게 (12)을 (14)로 간주할 수 있다는 것에는 증명이 필요하다. May(1985)는 언어에서 어떤 특정한 어휘들은 그 의미가 스스로 드러나지 않고 이타적으로 보인다는 주장을 한다. 그 중요한 예로 양화사(quantifiers)가 포함되어 있는 문장을 들 수 있다. 다음을 살펴보자. 변수(variables)는 논리학에서 정의하기를 어떤 집단이나 집합에 있는 개별 체를 지칭하는 상징이라고 한다. 예를 들어 변수 x는 어떤 요일을 대변할 수 있다.

(15) x = Monday or Tuesday, etc

여기서 변수 x는 월요일이 될 수도 화요일이 될 수도 일요일이 될 수도 있다. 다만 그 지칭은 월요일부터 일요일까지의 7개의 대상 중에 하나에만 해당된다는 전제가 만족되는 조건이다. 여기서 월요일부터 일요일까지의 7일을 변수의 영역(domain of variable x)라고 한다.

(16) x has 30 days.

(16)는 문장의 형식이고 여기서 x는 변수로서 결국(16)는 변수를 포함하는 미완성의 문장이다. (16)에서 변수인 x는 결국 한 달이 30일에 해당하는 월(month)가 될 것이고 이것이 x의 영역이 되고, 그 영역에는 x에 해당하는 월이 존재하기 때문에 진위 판정에서 진실(truth)로 판정 날 가능성이 있다.

문장에 나타나는 양화사를 좀더 자세히 살펴보자. 양화사는 대상의 일부에 해당하는 'for some'과 전체에 해당하는 'for all (every)'의 두 경우가 있다. 전자는 소위 존재의 양화사(existential quantifier)이고 후자는 총칭의 양화사(universal quantifier)이다. 존재의 양화사는 ∃로 표시되고 'there exists' 혹은 'there is a'나 'for at least one'으로 해석된다. 한편 총칭의 양화사는 ∀로 표기되고 'given any'나 'for each' 혹은 'for every'로 해석된다.

(17) There is a man in the garden.

위의 예에서 변수 x는 'man'에 해당하고 결국 이 문장은 적어도 어떤 대상이 존재하고 그 대상은 'man'이라는 것을 내포한다.

이제 양화사를 술어와 연관하여 고려해 본다. 예를 들어 P(x)라고 하면 변수 x는 P의 특성을 가지고 있다는 것으로 해석된다.

(18) a. P(x) = x has 30 days.
　　 b. P(NOVEMBER) = November has 30 days.

(18a)의 의미는 '변수 x는 30일이라는 특성을 가진다'로 본다. 여기서 변수는 30일에 해당하는 일 년 중의 모든 달이 되고 적어도 30일이 되는 달이 존재하기 때문에 이는 참이 된다. 그 예가 (18b)이다. 즉, 11월이 x의 대상이라면, 그리고 11월은 30일에 해당하므로 (18b)는 참(true)인 서술이 되는 셈이다.

이를 좀 더 구체적으로 표현하면 다음으로 표시될 수 있다.

(19) a. $\forall(x)P(x)$
     b. $\exists(x)P(x)$

(19a)에서는 변수 x에 해당하는 모든 대상이 P라는 특성을 가지는 경우로서 'Every dog has a tail'의 예가 있으며, (19b)에서는 P의 특성을 가지고 있는 변수 x가 적어도 하나가 존재한다는 예가 된다.

하나의 문장에 두 개 이상의 양화사가 나타나는 경우를 보자.

(20) Everyone loves someone.

(20)에는 두 양화사 'every'과 'some'이 있으며, 이렇게 한 문장 속에 두 개의 양화사가 나타나는 경우 작용역(scope)의 교차(interaction)가 발생한다. 즉, (20)은 다음의 두 해석이 가능하다.

(21) a. Universal Quantifier의 큰 작용역 해석
        $\forall x[person(x) \rightarrow \exists y[person(y) \wedge love(x,y)]]$
     b. Existential Quantifier의 큰 작용역 해석

$$\exists y[person(y) \ \land \ \forall x[person(x) \ \rightarrow \ love(x,y)]]$$

즉, (21a)는 '모든 사람은 적어도 사랑하는 사람이 적어도 한명이 있다'는 해석이고, (21b)는 '모든 사람들이 사랑하는 사람이 있는데 그 사람이 같은 사람'이라는 해석이다. 하나의 문장에서 두 개의 해석이 가능하다는 것을 설명하기 위해서는 문장 (20)을 표면적 측면이 아니라 해석이라는 추상적 측면을 가정해야 하고 이것을 생성문법에서는 논리 형태(logical form: LF)라 부르며 LF에서 표층에서와 같은 통사적 운용이 적용될 수 있다고 한다.

구체적으로 May(1975)는 문장 (20)이 LF에서 양화사 인상 (quantifier raising: QR)이라는 통사적 운용을 거쳐 다음과 같은 형태로 나타난다고 주장한다.

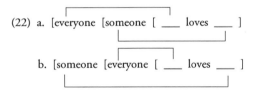

Huang(1982)은 여기서 더 나아가 의문사 의문문에서 비록 표층적으로 영어와 중국어의 의문사 위치가 다르게 나타나지만 LF에서는 궁극적으로 결국 같은 자리로 변형되기 때문에 결국 두 언어는 LF라는 층위에서 같은 어순을 가지는 것으로 소위 매개 변항 (parameterization) 할 수 있다고 주장한다. 이것을 영어와 한국어에 각각 적용하면 다음과 같다.

(23) a. John saw who. : 심층 층위
　　 b. Who did John saw ___? : 표층 및 LF 층위
(24) a. 철수가 누구를 보았다. : 심층 층위
　　 b. 철수가 누구를 보았니? : 표층 층위
　　 c. 누구를 철수가 ___ 보았니? : LF 층위

　(23)의 영어는 목적어 의문사 'who'에 대하여 전치 이동의 변형을 통해 (23b)가 나타나고 이것이 결국 해석으로 연결되어 LF 층위가 되는 반면에, (24)의 한국어는 표층 층위에서도 의문사 '누구를'은 제자리에 있게 되어 영어와 다른 어순을 갖게 되지만 LF라를 층위를 고려하면 영어의 표층 층위에서 일어나는 의문사 전치 규칙이 적용되어 결국 (24c)의 어순을 갖게 되고 이것은 영어의 (23b)와 같은 어순이 된다는 것이다.

　심층 층위에서의 언어 보편성은 따라서 기본적으로 언어 표상(representations)을 표층(surface)과 심층(deep)으로 나누고 있으며, 통사 운용(syntactic operations)의 마지막 단계가 의미 해석(semantic interpretation) 층위의 시작이 된다. 표층의 표상에서 보이는 언어 간의 차이는 언어의 다양성에 기인한 것이고, 한편 의미 해석의 표상은 언어의 보편성을 보여주는 것이라고 주장한다.

　의미 해석 표층은 일종의 추상적 단계로 일찍이 없었던 새로운 제안이다. 구조(structures)를 근간으로 했던 구조주의와 유사한 개념으로 보이지만, 그 표상이 추상적이라는 면에서 아주 다른 기조를 가지고 있으며, 이와 동시에 추상성이라는 개념을 정의내리고 가시적

표상과의 연계성을 확인해야하는 새로운 과제를 남기게 되었다. 사실, 언어학은 인간의 언어를 연구함으로서 인간의 심성(mind), 정신적 활동(mental activities)을 밝혀낼 수 있을 것으로 본다. 추상성의 개념과 인간의 심성 파악이라는 주제를 함께 고려하면, 언어학의 핵심 주제는 결국 언어의 보편성과 다양성의 긴장(tension)을 해결하는 데 있다고 보겠다.

언어의 보편성(universals)과 다양성(diversity)은 언어 연구에서 양립되어 왔던 오래된 과제이다. 우리는 한편으로 언어에 획기적인 보편성이 숨어있다는 사실에 흥분하며, 언어의 표층뿐만 아니라 심층적 사실들을 밝혀내는데 집중하기도 하고, 다른 한편으로 각 언어가 가지는 다양성과 독특함을 인정하고 보편성의 한계를 지적하기도 한다. 그렇다면, 여기서 언어의 보편성이란 무엇일까?

지구상에 현재 7000개가 넘는 언어가 존재한다고 할 때, 이러한 수치는 언어의 다양성을 보이기에 충분한 정보이다. 그럼에도 언어에는 보편성이 내포되어 있다고 주장하는 것은 엄청난 연구를 요구하는 일이며 그 자체로 큰 의미가 있는 주제이기도 하다. 언어를 연구하는 사람들은 이제 언어의 보편성과 다양성이라는 주제를 논의함에 있어 과연 그 구분 혹은 정의를 어떻게 하느냐가 연구의 시작점에서 결정해야할 일이다. Park(2017)에서는 이러한 과제가 마치 진위(truth/falsification)판단 여부의 과제로 시작하였지만, 어떠한 구체적 사실(facts)들이 상호 존재하고 확인되어 필연적 병존의 입장으로 밖에 귀결될 수 없는 경우와 같이, 언어의 보편성과 다양성은 선택의 문제가 아니고, 논쟁(tension)의 대상 또한 아니며, 적절한 정의와 방법으로 조화(reconciliation)로 해결해야할 대상으로 간주한다.

다음의 예를 보자.

(25) a. 하인이 말에게 물을 주었다.
　　 b. ˈactˌ â l-kh âdimu l-hˌisˌ âna mâˈan
　　　　 gave the servant nom the horse acc water-acc
　　 c. Suka hokkii puccu ndiyam.
　　　　 servant gave horse water
　　　　 'The servant gave water to the horse.' (Park 2017)

(25)는 같은 의미의 다른 세 종류의 언어 문장들이다. (25a)는 한국어로 주어 '하인'과 목적어 '말'과 '물' 그리고 술어 '주었다'로 구성되어 있다. (25b)는 아랍어로 한국어와 마찬가지로 주어와 목적어 그리고 술어로 구성되어 있지만 표면적으로 어순이 술어로 시작한다는 면에서 다르다. (25c)는 Fula어로 영어와 같은 어순을 보이고 있으나 한국어와 아랍어와 다르고 또한 논항(arguments)에 대한 격 표시자(Case markers)를 가지고 있지 않다는 점에서 또한 다르다. 즉, 서로 다른 어족(language family)에 속하는 언어들은 어순, 격 표시자의 존재와 형태 측면에서 다양성을 보이고 있으나, 한편으로 모두 자음과 모음의 소리를 가지고 있고, 술어 '주다'에 해당하는 어휘를 가지고 있어 세 개의 논항들을 필요로 하며, 그 기능들이 유사하다는 측면에서는 언어의 보편성을 찾아볼 수 있다(Park 2017).

이처럼 언어학에서는 언어의 보편성과 다양성 연구에 있어서 다음과 같은 두 본질적 질문을 한다.

(26) a. What do human languages have in common?
    b. How do they differ from each other?

　언어 보편성을 추구하는 학자들은 (26a)를 통해 표면적으로 달라 보이는 언어들이라 하더라도 실제로 조사를 해보면 생각하고 기대 했던 것 이상으로 언어들 간에 공유하는 사실들이 많다는 것을 알고 놀라움을 표시한다. 그러나 언어의 다양성을 추구하는 학자들은 반대로 (26b)의 질문을 통해 이미 지구상에 사용되는 것으로 간주하는 7000이상의 언어가 존재한다는 사실만으로도 언어가 모든 층위의 표상에서 근본적으로 다르다는 점을 인정하기에 충분한 숫자라고 주장한다.

　실제로 표면적 측면 즉, 소리, 문법, 어휘, 그리고 의미 측면에서 언어들은 근본적으로 아주 다르다. 그 중에서 특히 구조상의 다양성 은 현저하게 드러난다고 본다. 이렇듯 병존할 수 없는 것만 같지만 실제로 엄연히 존재하는 언어의 보편성과 다양성을 논하기 위해서 는, 먼저 보편성의 종류와 정의들이 살펴볼 필요가 있다. 보편성이라 할 때 그 기본적인 개념은 이 세상의 모든 언어가 동일해야 한다는 혹은 적어도 특정 언어 현상이 모든 언어에 나타나야한다는 것이다.

　먼저 Chomsky 언어학에서 주장하는 언어 보편성은 절대적 보편 성(absolute universals) 개념을 따른다. 여기서 절대성은 가장 엄격한 정의에 따라 '모든 언어에 공유하는 현상이 적어도 하나라도 존재한 다면 '의 최소 조항이 아니라 이 아니라'모든 언어에 공유하는 현상 이 모든 것이어야 한다 '의 최대 조건을 의미할 수도 있다. 모든 언어가 만약 이러한 최대 조건을 만족한다면, 어떤 언어에 나타나는 현상은 다른 모든 언어에도 나타나야 한다고 할 수 있고, 그 현상이 근본적 보편성이 되는 것이고, 이것이 절대적 보편성을 보여주는 자료가 될 것이다.

그런데, 만약 이러한 최대 조건을 만족한다면, 지구상의 7000여개의 언어들이 현재 존재할 수도 없고 해서도 안 될 것이다. 적어도 두 개 이상의 언어가 존재한다고 말한다면 이것은 결국 존재하는 언어들이 다르다는 사실을 인정하는 것이고, 이 언어들이 다르게 보이게 할 수 있는 서로 공유하지 않는 내용이 있다는 것이며, 이는 결국 절대적 보편성을 어긴다는 것이므로, 절대적 보편성은 존재하지 않는다는 결론에 이르게 될 것이다.

그러나 여기서 흥미로운 사실은, 언어의 다양성이 현저하게 보인다 할지라도 다르게 보이는 언어들 간에는 공유하는 사실 또한 엄연히 존재한다는 것이고, 이러한 사실들이 비교적 많다는 것이고, 표면이 아니라 심층적 측면을 보면 볼수록 더욱 현저하게 나타난다는 사실이다.

보편성과 다양성의 논란에서 최근 관심을 보이며 등장한 보편성이 통계적 보편성(statistical universals)이다. 이것은 어느 정도의 예외를 허용하며, 특정 현상이 통계적 중요성(significance)을 보유하게 되면 그것이 바로 언어의 경향이 되고 보편성이 된다는 것이다. 언어의 경향, 빈도, 통계적 산출과 해독에서 나타나는 현상으로 일종의 상대적 보편성에 해당한다고 볼 수 있다. 특정의 보편성은 그로 인해 암시되는 보편성이 잠재되어 있을 수도 있는데, 이것을 암시적 보편성이라 한다. 이렇게 언급된 보편성은 한편 복합적으로도 나타날 수도 있고, 절대적 및/혹은 암시적 보편성과 연계되는 복합적 보편성이 되기도 한다.

언어 보편성에 대한 논의의 추세는 언어에 나타나는 다양성을 정당화하기에 있다기보다는 절대적 보편성의 예외가능성에 초점이 맞추어져 있는 것 같다. 즉 실제 연구되고 있는 언어에서의 예외뿐만 아니라 아직 연구되고 있지 않은 언어들 및 이미 사어가 되어버린 언어에서 조차도 단 하나의 예외가 존재한다면 절대적 보편성에는 치명적 문제가 되기 때문이다. 즉, 일련의 보편적 현상이 단 하나의 언어에서만이라도 분석의 결과가 예외로 판정되거나, 단 하나의 보편적 현상이 어느 하나의 언어에서만이라도 나타나지 않는다면 절대적 보편성은 더 이상 성립될 수 없으며, 이러한 경우의 수는 현존하는 언어에서 뿐만 아니라 과거의 사어 및 미래의 언어에도 적용되어야 한다. 이러한 다소 위험스러운 절대적 보편성을 입증할 수 있는 좋은 방법에는 어린 아이들이 언어를 습득할 때 보다 보편적 원리를 사용한다는 것을 증명하거나 유전학적인 연구를 통해 생물학적 보편성을 확인하는 것이다.

본 저서는 절대적 보편성에 초점을 두고 다양성과 어떻게 병존하는 개념이 될 수 있는지, 그리고 절대적 보편성과 통계적 보편성과의 접합 혹은 융합의 증거가 될 수 있는 언어현상을 제시하고, 결국 인간 언어의 보편성이 어떻게 구성되어 있는지와 그러한 구성이 언어의 진화와 유전학 등 생언어학적 측면에서 살펴봄으로서, 보편성의 갈등(tension)과 협상(reconciliation)을 논의하고자 한다.

언어의 보편성(universals)과 다양성(diversity)은 병립될 수 없어 보임에도 그렇다고 분리하여 생각할 수도 없는 동전의 양면과 같은 아주 독특한 양상의 개념이다. 우리는 한편으로 지구상 모든 언어에 공통의 획기적인 보편성이 숨어있다는 사실에 흥분하며 언어의 표층뿐만 아니라 심층의 보편적 사실들을 밝혀내는데 집중하기도 하고, 다른 한편으로 각 언어가 가지는 다양성과 나름의 독특함을 인정하며 보편성의 한계를 지적하기도 한다. 그렇다면, 여기서 언어의 보편성이란 무엇일까? 지구상에 현재 7천개가 넘는 언어가 존재하는 상황에서, 보편성은 과연 어떠한 것을 기준으로 정의내리고 판단할 것이며, 무엇을 대상으로 그 기준을 삼을 것인지 등의 과제를 논의할 필요성이 있다.

본 연구는 기본적으로, 우리가 마치 언어의 보편성과 다양성이라는 '두 개념 중에서 하나만 옳고 다른 것은 틀리다'는 진위(truth/falsification) 판단 여부의 과제로 시작하였지만, 각각에는 서로 부인할 수 없는 구체적 사실(facts)들이 존재하고 이것들이 증명됨으로서 결국 언어 연구에서 두 개념이 모두 필연적으로 병존한다는 입장을 취한다. 우리는 따라서 언어에서 보편성과 다양성은 선택의 문제가 아니고 논쟁(tension)의 대상 또한 아니며, 적절한 정의와 방법으로 조화(reconciliation)로 해결해야할 대상이라는 결론에 도달하게 될 것이다. 이를 위해 본 연구는 형태, 통사, 의미의 영역을 중심으로 수동문형에 대한 범언어적 자료를 대상으로 다중 학문적 방법으로 접근한다.

실제로 언어의 표면적 현상들 즉, 소리, 어휘, 어순 그리고 해석 측면에서 언어들은 근본적으로 아주 다르다. 그 중에서 특히 구조상의 다양성이 현저하게 드러나는데, 수동(passives)의 통사적 문형이 언어의 보편성과 다양성이라는 주제의 연구에서 많이 논의된 대상 중의 하나이다. 그 이유는 Shibatani(1985)에서 수동 문형에 대한 최소 조건(minimal condition), 즉 '모든 언어에는 적어도 능동 문형의 주어(행위자)를 약화시키거나 목적어를 격상시키는 현상이 존재한다'는 언어 보편성이 주장되었기 때문이다. 이 후 수동 문형은 다음에 언급된 바와 같이 보편주의자(universalists)와 언어 유형론자(typologists)들 사이에서 언어의 보편성과 다양성에 관한 언어 과제를 재조명하는 등 핵심적 논의 대상이 되었다.

Keenan and Dryer(2006)은 관련한 선행연구들과 그들 나름의 비교연구를 통해 다음 (27)의 분류 방식을 중심으로 언어별 수동문형을 정리하였다.

(27) a. 'by-NP' 출현 여부에 따른 분류(Gehrke and Grillo 2009; Granger 1983)
      b. 격-표시자(Case markers) 혹은 후치사(postpositions)의 존재여부 및 유형별 분류(Manley 1972; Rajaona 1972)
      c. 형식적 주어의 문장에서의 출현 위치에 따른 분류(Keenan and Dryer 2006)
      d. 문장-단위(sentence-level) 혹은 술부-단위(predicate-level) 현상으로의 판단 여부에 따른 분류(Chomsky 1957; Keenan 1978)
      e. 수동의 기본 문형과 다르지만 수동의 의미를 전달 할 수 있는 대안의 유형(alternative types) 활용 여부에 따른 분류

그 예는 동사적-형용사적 수동형, 재귀사(reflexive) 수동형, 중간동사(middles)의 수동형, (비)인칭/(비)한정 수동형(Jaggar 1981; Mazaudon 1976; Dixon 1977; Givón 1972; Kimenyi 1980; Nguyen 1976) 등이 있다.

더 나아가, Newmeyer(2007)은 소위 범주의 보편성(categorial universals)을 재정리하면서, 언어들은 동사나 형용사 등의 품사, 주격이나 목적격 등의 명사의 격, 수동의 태(voice) 등과 같은 실재적(substantial) 범주들이 보편적으로 존재하는 것으로 간주하고 언어들은 이러한 범주 단위들을 기준으로 상호 비교될 수 있다고 주장하였다. 이러한 입장은 많은 생성 유형론자들(Payne 1997; Corbett 2000; Van Calin 2005; Dixon 2010)의 입장을 반영한 결과이기도 하다.

이러한 보편주의자들의 입장에 반하여, Mahajan(1994)는 인도 힌디(Hindi)와 필리핀계의 Sino-Tibetan어의 수동 문형에서는 Shibatani (1985)의 수동 문형에 대한 언어의 보편적 최소 조건을 반영하는 능동의 주어의 약화나 목적어의 격상 현상이 나타나지 않는다고 주장한다(Bhatt 2003, Richa 2011). 실제로 오스트로-아시아어(Austro-Asiatic), 드라비디언어(Dravidian), 그리고 인도아리안어(Into-Aryan)에는 영어와 같은 유형의 수동 문형이 존재하지 않는 것으로 알려져 있다(Dubinsky and Simango 1996; Siewierska 2005).

여기서 흥미로운 점은, 수동문형의 보편성과 다양성에 대한 논의와 판단이 크게 두 방향에서 진행되고 있다는 사실이다. 즉, Keenan and Dryer(2006)의 방식 (27)은 형태, 통사, 의미의 세 영역이 모두 복합적으로 분류되고 있음으로 해서, 이를 모두 만족해야 한다는 통합적 보편성을 취한다면 언어의 다양성을 옹호하는 입장에서는 제시할 증거들이 많지 않을 것이다. 그러나 Chandra and Sahoo(2013)과 Haspelmah(2010)은 이를 형태-통사와 의미를 각기 다른 판단 영역으로 나누고, 힌디가 비록 의미적으로는 수동 문형의 보편성이 없다 하더라도 형태-통사적으로는 보편성을 유지한다는 주장을 편다.

이처럼 수동 문형 및 유사 수동형을 형태-통사 형식과 의미 유형을 나누어 재조명하여, 언어의 보편성과 다양성을 범언어적으로 실증적 증거를 통해 새롭게 정립할 필요성이 있다. 본 저서는 범언어적 수동 문형 및 유사 수동형의 형태-통사 및 의미적 특성을 기준으로 언어의 보편성과 다양성 재고찰 한다. 더 나아가 본 저서에서는 (Keenan and Dryer(2006)의 분석을 토대로. 언어별 수동문형 사용 빈도의 다양성을 알아보고 언어별 다른 문법 현상과의 연관성 정도의 다양성을 검정하고자 한다.

1.3. 언어의 다양성

이와 관련한 최초의 연구는 Gennari and MacDonald(2009)에 있다. 이들은 영어 수동 문형을 관계절 문법과의 연관성을 근거로 선행사의 유생성 의미 특성을 변인(factors)으로 하고 수동형의 산출 빈도(production frequency)를 조사하였다. 그 결과 영어 수동태 연구에서 유생성 선행사의 경우 98.0%의 문장 산출이 그리고 무생성 선행사의 경우는 61.2%가 수동 문형이 사용됨을 밝혔다. 또한 Mitsugi et al.(2008)과 Montag and MacDonald(2012)는 영어의 결과를 일본어와 비교하기 위하여 유사한 심리언어학적 실험을 일본어 화자를 대상으로 실시하여, 99.3%(유생성 선행사)와 30.1%(무생성 선행사)의 결과 값을 얻었다.

이들의 연구 목적은 영어와 일본어의 다른 어순(word order)이 핵심 변인으로 다른 결과 값을 도출하게 되었다는 것을 밝히는 것이었는데, 문제는 일본어는 영어에 비해 유생성 선행사인 경우에는 더 높은 수동태 사용의 빈도 수치를 그리고 무생성 선행사인 경우에는 더 낮은 빈도 수치의 수동태 사용 빈도를 보인다는 것이다. 이와 관련하여 Park(2013)은 한국어 화자를 대상으로 유사 실험을 실시한 바 있다. 이들은 영어와 일본어의 수동 문형을 관계절 문법과의 연관성을 이용하여 비교분석하면서 두 언어가 보이는 수동문형 사용의 빈도를 조사하였다. 그 결과 한국어는 유생성 선행사의 경우는 67.3%, 무생성 선행사의 경우는 29.0%의 수동문형 산출의 수치가 나왔다.

이것을 그래프로 나타내면 다음과 같다.

(28)
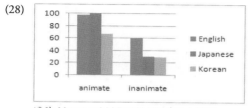

(출처: Montag and McDonald 2012와 Park 2015)

수동 관계절 문형의 선택에 대한 선호도에서 유생성 선행사 명사의 경우, 영어(98%), 일본어(99.3%), 및 한국어(67%)로 각각 나타나는데, 여기서 흥미로운 점은 유생성 선행사의 경우 영어와 일본어는 유의미한 선호도의 차이가 없는데 반해, 영어/일본어와 한국어 사이에는 유의미한 선호도 차이가 나타난다는 것이다. 한편, 무생성 선행사 명사의 경우, 수동형 관계절 선택에 대한 선호도는 영어(61.2%), 일본어(30.1%), 및 한국어(29%)로 나타나는데, 유생성 선행사 명사의 경우와 달리, 이번에는 영어와 일본어 사이에 유의미한 선호도의 차이가 보이지만, 오히려 일본어와 한국어 사이에는 그러한 차이가 보이지 않는다는 것이다.

Montag and MacDonald(2009)에서 영어와 일본어가 무생성 선행사 명사의 경우 능동-수동 관계절 선택에 현저한 선호도 차이를 보이는 것과 달리, Park(2015) 실험의 결과에 따르면 유생성 선행사 명사의 경우 한국어는 영어뿐만 아니라 유사한 어순의 일본어와도 현저한 선호도 차이를 보이고 있다. 이것은 Traxler(2008), Smith and Wheeldon(2004), Traxler et al.(2002) 등에서도 제기된 바와 같이, 영어와 일본의 다른 결과가 어순의 차이에서만 나오는 것이 아니라는 사실이 한국어와 일본어에서도 증명이 된다는 것이다.

수동 문형과 다른 문법 현상과의 연관성 정도에 대한 이어진 연구 Park(2015, 2016, 2017)에서 수동 문형의 산출 빈도에 영향을 주는 원인들을 밝혀내기 위해 몇 가지의 변인들을 제시하고 이를 보편성의 한 종류인 통계적 보편성(statistical universals) 개념으로 정리하였다. 특히 (29)에서 제시하는 바와 같이, 어순, 뒤섞이, 수동형 산출

빈도, 명사의 격표시 유무와 탈락의 수용성을 가능한 변인으로 보고 세 언어를 분류한 결과는 다음과 같다.

(29)

	어순	뒤섞이	수동형 빈도	격 탈락 수용
영어	SVO (first)	불가	가능(높음)	불가
일본어	SOV (final)	가능		가능(낮음)
한국어			가능(낮음)	가능(높음)

(출처: Park 2016)

이러한 선행 연구들에 이어서, 본 저서는 (29)의 결과를 기초로 수동 문형을 다중 학문적 방법으로 그리고 범언어적으로 비교 분석하여 언어의 보편성과 다양성을 살펴본다. 이러한 목적을 위해 실시된 선행 연구들, 심리언어학적 실시간 반응실험과 텍스트 분석의 코퍼스 분석 결과들을 소개하고 이를 비교 분석한다.

기존 연구들의 결과에서 흥미로운 사실은, SVO의 기본 어순 언어들은 비교적 수동 문형의 산출 빈도수가 높다는 것이고, 반면에 VSO와 SOV 및 수동의 주어가 능동의 목적어 자리에 그대로 나타나는 언어들에는 낮은 빈도수를 보인다는 것이다. 또한 유생성/무생성이라는 의미적 특성에 있어서도 상당히 민감한 반응이 보인다. 따라서 본 저서는 범언어적 수동문형 및 유사 수동형의 형태-통사 그리고 의미적 특성에 대한 언어학의 실증적 증거와 증명의 결과를 수동문형과 다른 문법현상과의 연관성 정도에 대한 다중 학문적 분석 결과와의 상관성을 통해 총체적인 언어의 보편성과 다양성의 정립에 있다.

이러한 목적에 따라 각 언어들의 자료 수집과 상호 비교 분석의 실증적 자료들을 검정하고 더 나아가 소위 절대적 보편성(absolute universals)을 토대로 진행하게 되고, 통계와 실험의 결과를 토대로 소위 통계적 보편성(statistical universals)을 통해 보편성뿐만 아니라 언어들의 다양성을 보장하며, 궁극적으로 범언어적 자료들을 통해 다중 학문적 접근 방법으로 두 다른 종류의 보편성 간의 상관관계를 정립하고 이 결과 포괄적 보편성을 제시하는 것이다. 이렇듯, 본 연구의 궁극적 목표는 언어의 보편성과 다양성의 논쟁과 갈등은 본 연구를 통해 광의의 보편성 개념으로 조화로서 설명되고 해결될 수 있음을 밝히는데 있다.

　언어 보편성에 대한 논의의 추세는 언어에 나타나는 다양성을 정당화하기에 있다기보다는 절대적 보편성의 예외 가능성에 초점이 맞추어져 있는 것 같다. 즉 실제 연구되고 있는 언어에서의 예외뿐만 아니라 아직 연구되고 있지 않은 언어들 및 이미 사어가 되어버린 언어에서 조차도 단 하나의 예외가 존재한다면 절대적 보편성에는 치명적 문제가 되기 때문이다. 즉, 일련의 보편적 현상이 단 하나의 언어에서만이라도 분석의 결과가 예외로 판정되거나, 단 하나의 보편적 현상이 어느 하나의 언어에서만이라도 나타나지 않는다면 절대적 보편성은 더 이상 성립될 수 없으며, 이러한 경우의 수는 현존하는 언어에서 뿐만 아니라 과거의 사어 및 미래의 언어에도 적용되어야 한다. 이러한 다소 위험스러운 절대적 보편성을 입증할 수 있는 좋은 방법에는 어린 아이들이 언어를 습득할 때 보다 보편적 원리를 사용한다는 것을 증명하거나 유전학적인 연구를 통해 생물학적 보편성을 확인하는 것이다.

본 저서는 절대적 보편성에 초점을 두고 다양성과 어떻게 병존하는 개념이 될 수 있는지, 그리고 절대적 보편성과 통계적 보편성과의 접합 혹은 융합의 증거가 될 수 있는 언어현상을 제시하고, 결국 인간 언어의 보편성이 어떻게 구성되어 있는지와 그러한 구성이 언어의 진화와 유전학 등 생언어학적(biolinguistics) 측면에서부터 코퍼스와 심리언어학적 인지실험을 통해 살펴봄으로서 보편성의 갈등(tension)과 조화(reconciliation)를 논의하고 개념을 정립한다.

이러한 목표를 달성하기 위하여 본 저서는 다음의 연구 내용과 방법으로 진행한다. 기존 선행 연구들에서 밝힌 범언어적 수동 문형혹은 유사 수동형에 대한 특징들을 시작으로 진행하고자 한다. 이를 정리하면 다음과 같다.

(30) a. 기본 수동문형과 유사 수동형의 구별
  b. 'by-구'의 출현 여부와 능동 목적어와 수동 주어의 출현 위치, 영어 분사형 '-ed' 에 대한 외부논항 특성
  c. 유사 수동형(형용사 수동형, 재귀사(reflexive) 수동형, 중간동사(middles) 수동 형, 비인칭(impersonal)/비한정(indefinite)/비지정(unspecified) 수동형)의 존재와 기본 수동문형과의 의미적 특성 비교
  d. 크레올의 수동문형 특성과 수동형 형성 과정에 대한 보편문법적 분석
  e. 수동문형이 없는 남아시아어들의 유사 수동문형 분석

본 저서의 중요한 과제 중의 하나인 '절대적 보편성과 다양성의 조화'는 언어학적 실증 자료를 토대로 논의한다. 따라서 먼저 보편성에 대한 여러 정의들을 언어철학적 그리고 논리적 논거에 따라 재정리하고 본 연구과제의 목표에 맞는 포괄적 개념의 보편성을 정립한다.

범언어적 수동문형의 특징을 정리한 첫 연구가 Keenan and Dryer(2006)에 있다. 관련하여 Baker(2009), Dixon(2010), Haspelmath (2010) 그리고 Chandra and Sahoo(2013)의 일련의 보편성 관련 연구와 Givon(1979), Shibatani(1985), Baker et al.(1989), Mahajan (1994) 그리고 Siewierska 2005)의 남아시아어 연구, Hofherr(2003), Murphy(2014), Bosque and Galleo(2011) 등의 서반아어, 독일어 연구에 대한 분석이 뒤를 따른다.

본 저서에서 소개하고 논의할 지역의 언어와 문화 그 화자들의 특성을 탐구하는 과정에서 '언어의 보편성과 다양성의 조화 '를 기반으로 다양한 방식의 선행연구들을 대상으로 검증하고자 한다.

(31) a. 수동문형에 대한 범언어적 형식과 유형의 분류
    b. 각 언어별 수동문형의 사용 빈도 조사와 비교
    c. 수동문형과 다른 문법 활용과의 연관성 정도 비교분석
    d. 확대 수정된 보편성 개념으로 수동문형의 보편성과 다양성의 통합적 설명시도

수집된 범언어적 수동문형을 기본 수동문형과 유사 수동형 및 수동형이 없는 언어들의 의미적 수동형까지 각 언어들이 가지고 있는 수동문형의 유형과 형식 및 그 표현의 종류들을 정리하고 분류한다 (31a). 또한 수동 문형의 자료들을 토대로 언어군 별 및 개별언어들의 산출 빈도를 비교한다(31b). 이것은 수동문형의 존재유무와 존재시 그 유형과 형식의 다양성과의 상관성을 알아보기 위한 작업이다. 이 결과는 더 나아가 다른 문법 활용 특히, 어순의 변화, 격표시자의 존재와 탈락유무, 기본 어순, 유생성이라는 의미정보와의 융합 및

관계절의 통사 문형과의 연관성을 알아보기 위한 과정이다(31c). 최종적으로는 (31d)의 언어의 보편성과 다양성에 대한 획일적 방법과 틀로서 정의하고 설명함을 시도한다.

수동문형의 사용 빈도를 알아보기 위해서 먼저 수동문형의 유형과 형식별로 분류한 뒤 각 언어별 텍스트를 코퍼스 분석방식으로 통계 처리한 연구결과를 소개한다. 다른 문법 활용과의 연관성 정도를 알아보기 위한 심리언어학적 실시간 반응실험은 Eprime 2.0 professional version을 사용하였고 foot pedal를 이용하여 화면상 나타나는 문장 속 단어 및 녹음된 음성 정보의 해독 과정을 1/1000초 단위로 확인한 결과이다. 이 과정에서 사용될 자료의 일부(한국어/서반아어)는 다음과 같다.

(32) a. 엄마가 안고 있는 아기/Él bebe que la madre está sosteniendo
엄마에게 안긴 아기/Él bebe que está siendo sostenido por la madre
b. 사냥꾼이 잡은 곰/El oso que el cazador atrapo
사냥꾼에 게 잡힌 곰/El oso que fue atrapado por el cazador
c. 경찰이 막은 도로/El camino que la policía bloqueo
경찰에게 막힌 도로/El camino que fue bloqueado por la policía
d. 운동선수가 소비한 칼로리/La caloría que el atleta está consumiendo
운동선수에게 소비된 칼로리/La caloría que está siendo consumido por el atleta

심리언어학적 실시간 반응실험을 하는 이유는 Wells et al.(2012), Ferreira(1994), MacDoland et al.(1993) 등이 주장하는 바와 같이, 실시간 언어 정보처리에 나타나는 경향이 내재된 편향의 결과가 아니라, 해당 언어가 가지고 있는 수동문의 유형과 형식의 존재유무,

유사 수동형의 활용, 그리고 수동문형의 산출빈도 등 통계적 수치를 근거로 하는 학습의 내용을 보여주는 것이라는 의견에 따른다. 따라서 입력된 정보의 양상에 따라 인간은 학습을 하게 되고, 이러한 경험이 언어처리의 편향을 구축하게 된다는 것이다.

이처럼, 언어는 음성, 어휘, 구 등의 언어 구성 정보에 대한 노출 정도에 따라 통계적 구조를 형성한다는 주장이고, 이러한 주장을 뒷받침하기 위하여 유아나 어린 아이들이 언어를 학습하는 경우뿐만 아니라 성인들의 언어정보 처리 과정에서 증거들을 제시하고 있다. 다만, 한국어에서 보이는 유생성 선행사 명사의 경우, 영어와 일본어에 비해 수동형 관계절의 선호도가 현저히 떨어지는 것은 어떤 내재적 편향에 의한 결과라기보다는, 실험에서 사용되었던 어휘들 중에서 능동-수동의 사용빈도수의 영향일 수 있는 실험의 오류를 배제할 필요가 있기 때문에 이점에 유의한다.

본 저서는 다음과 같은 이론적 뿐만 아니라 실용적 연구 결과를 가져올 수 있다. 언어학적 연구에서 통사적 유형과 그 의미의 유관성에 대한 연구는 많이 있어왔으나, 응용언어학 특히 코퍼스와 심리언어학 연구에서 통사와 의미 정보의 융합은 새로운 접근으로 선행연구가 많지 않다. 본 연구는 수동문형이라는 특수한 통사 문형의 산출이 경험치(frequency)에만 의존하지 않고 그 언어가 가지고 있는 고유한 의미의 내재적 정보 활용 여부와 그 과정이 또한 결정적 변인이 될 수 있다는 증거를 보여줌으로서 다중 학문적 접근의 유의성을 제공한다.

또한 수동 문형에 대한 대부분의 연구는 하나의 언어 혹은 소수 언어를 대상으로 집중하여 논의하는 경향이 많다. 이러한 연구들은 특정 문형에 대한 구체적이고 특수한 현상들을 밝히는데 도움이 되지만 언어학의 궁극적인 목표인 언어의 존재, 본질, 활용 등에 관한 포괄적인 연구, 특히 언어의 보편성과 다양성이라는 과제를 위해서는 범언어적 연구가 필요하다. 본 연구는 수동문형이 존재하지 않는 것으로 알려진 남아시아어들, 두 개 이상의 언어 영향으로 형성되는 크레올 연구를 통한 언어 융합, 같은 언어이지만 지역적 변이에 따라 다르게 나타나는 활용의 빈도 등을 고려하는 범언어적 자료를 논의한다는 측면에서 관련 후속 연구들에 도움이 될 것이다.

언어의 보편성과 다양성은 가장 중요하면서 많은 논의를 거친 주제로서 여전히 가/불가의 과제로 진행되는 현상에서 본 연구는 보편성 개념을 재정리하고 궁극적으로 절대적 보편성으로 언어의 보편성을 유지하되, 언어의 다양성 또한 통계적 보편성으로 설명하는 두 상반되는 개념을 하나로 통합 설명하는 새로운 제안을 시도함으로써 후속 연구에 하나의 지표를 제공한다.

더구나 수동문형에 대한 교육은 대부분 능동-수동의 문형의 호환성과 의미적 변화에 맞추어져 있다. 그러나 범언어적 수동문형 혹은 유사 수동문은 문형에만 의존할 수 없는 경우들이 아주 많고, 또한 수동문형 규칙이 다른 문법 현상과 유관하게 활용되는 경향이 크다. 본 연구는 세계 많은 언어들의 수동문형 자료를 수집, 분석, 정리하고, 관계절, 어순, 생략, 격표시, 재귀사, 비인칭 등 관련 문법들과의 연계성을 밝힘으로 언어교육에서 참고할 새롭고 유익한 자료들을 제공한다.

제 2 장
언어 연구

2.1. 다양한 접근

　인간의 언어에 대한 연구는 그 목표와 대상에 따라 아주 다양하게 진행되고 있다. 언어 본질(nature)의 핵심을 파악하고 정의내리는 것을 목표로 삼는 언어학은 인간이 만들어 내는 언어 표현 그 자체만을 대상으로 연구하는 순수 언어학 분야, 즉 언어 소리 체제를 밝히는 음성학과 음운론, 어휘 형성 규칙을 찾아내는 형태론, 구와 문장의 형성과정과 변화를 대상으로 연구하는 통사론, 논리와 철학적 사고를 근거로 다양한 언어 자료의 의미를 파악하는 형식의미론이 있다.

　한편, 언어의 본질을 탐구함에 있어 언어 표현을 인간이 가지고 있는 일반적 인지(cognitive) 특성에 대한 이해의 과정으로 삼고 포괄적 접근으로 언어 표현과 더불어 언어 외적인 요인들을 동시에 고려하며 파악하는 응용 언어학, 즉 말의 쓰임에 대한 일반적 원리를 근거로 대화 원리를 탐구하는 화용론, 담화라는 틀에서 사용되는 언어 표현을 분석하는 담화론, 인간의 일반 인지 능력과 언어의 관련성을 파악하는 인지의미론, 언어 사용과 활용을 인간 심리적 측면에서 분석하는 심리언어학 등이 여기에 해당한다.

또한 언어 표현을 사회적 기준과 판단으로 연구하는 확대 응용언어학으로 사회언어학이 있으며, 인간 언어의 다양한 종류를 어원이나 어족 등의 언어 유형적으로 분류해온 언어유형론(typology), 최근에 들어와서 인간이 언어 표현을 함에 있어서 뇌 활동의 상관성을 파악하려는 언어 과학, 특히 신경언어학 접근이 크게 대두되고 있으며, 이와 더불어 언어에 대한 다 학문적 접근으로 언어에 관련되는 많은 영역들, 특히 인간의 발생, 진화, 역사와 연관하여 연구하는 합성 언어학, 즉 유전학과 언어학의 융합, 생물학과 언어학의 융합, 인류학과 언어학 더 나아가 의학과 언어학의 융합이 있으며, 가장 최근에는 치의학의 치아 시신경과 언어 인지와의 상관성에 대한 연구가 시작되고 있다.

본 저서에서는 이러한 다양한 언어에 대한 연구들을 간략하게 살펴보고 이러한 연구들은 결국 인간의 언어를 목표로 접근하는 방식과 언어를 이용하여 인간의 다른 능력 이해를 목표로 하는 접근으로 나누고, 본 저서의 목표인 지역적 특성을 토대로 언어의 활용, 특성, 문법, 그리고 양상의 특징들을 구체적으로 살펴보고자 한다. 언어 연구는 시작은 인도에서부터라고 본다.

언어에 대한 연구의 시작은 과연 언어가 인간의 어디에 존재하면서 활용하게 되는가에 있어서. 최초의 언어 연구는 인도에서 시작되었다고 알려져 있다. 그 당시 인간들은 언어로 표현하지 못하는 게 없다는 데 의미를 부여하고 언어를 인간의 심장에 존재하는 것으로 보았다. 심장은 혈액을 온몸으로 전달하는 역할로 결국 언어는 인간 몸 구석구석에 존재함으로서 언어로 표현할 수 없는 게 없다고 본 것이다.

언어에 대한 연구의 시작과 근본은 언어 철학에 있다. Aristotle (384-322 BC)는 생각은 두뇌란 몸에 돌아다니는 뜨거운 피가 통과하면서 식혀주는 역할을 한다고 보고 인간이 가지고 있는 지식은 심장에 있다고 보았다. 두뇌 그리고 언어에 대한 본격적이고 실질적인 연구의 시작은 결국 Descartes(1596-1650)에서 시작되었다고 볼 수 있다. 그는 물질과 정신의 이원론(dualism)을 제시하고 사고, 언어, 기하학을 모두 형식관계(formal relations)의 추상적 모음이라고 주장했다. 특히 이성주의와 직관과 관련하여 생득성(innateness)을 주장하고 생성문법론자들의 바탕이 되는 연역법적 접근을 추구하였다. 한편, Bacon(1596-1650)은 실증주의를 표방하며, 지식이란 경험에서 얻는 것이며 언어의 문법은 근본적으로 모든 언어에 하나밖에 없고 다 같으며, 언어의 다양성은 우연한 차이에 불과하다고 주장한다.

행동주의(behaviorism)은 Thorndike(1874-1949)를 거쳐 Piaget (1896-1980)로 이어지면서 인지적 발달을 생물학적 성숙(maturation)과 환경과의 상호 작용 과정으로 인식하고 지식의 양적 발달을 주장하였다. 이와는 아주 다르게 Chomsky(1928-)은 언어의 추상성 (abstractness) 개념을 유지하면서 소위 보편문법(universal grammar: UG)를 제안하며, 보편 문법이란 인간이 구사하는 모든 자연언어에 공통으로 존재하고 활용되는 언어의 본질을 담고 있는 특성으로 규정하고 있다. 보편문법은 언어 기능을 유전적 요소로 간주하고 접근함으로써 언어에 대한 연구를 과학의 영역으로 승화시키고 주변 학문들과의 연계를 조장함으로서 언어의 보편성과 다양성 문제는 새로운 전기를 맞이하게 되었다.

그러나 이러한 언어에 대한 연구의 과정에서 가장 특징 있는 전환은 두뇌에 대한 과학적 증거들이 다수 발견되고 제시되면서 언어의 존재를 심장에서부터 두뇌로 그 위치가 넘어가면서 이다. 언어가 두뇌에서 시작된다는 주장은 뇌 과학이 발전하면서 더욱 힘을 얻게 되고, 그 과정에 실어증의 사실들이 크게 논의되게 되었다. 특히 유럽을 중심으로 제시된 브로카(Broca) 실어증과 베르니크(Wernick) 실어증은 언어 능력이 두뇌에 잠재하고 있다는 증거를 가장 확실하게 보여주는 결정적 계기가 되었다.

더 나아가 간질병의 치료로 두뇌의 좌반구와 우반구를 연결하는 corpus colosseum을 절단함으로써 언어는 좌뇌와 우뇌에 고루 분포한다는 제안을 하게 된다. 그러나 이러한 제안은 두뇌의 회복성 (plasticity)에 대한 논쟁을 불러일으켰고 다양한 동물실험을 통해 두뇌 특히 언어에 대한 생물학적 발달에 대한 특별한 현상을 발견한다. 즉, 언어는 건강한 인간이라면 누구나 구사할 수 있는 능력이긴 하지만 그 능력이 발휘되기 위해서는 특정한 기간에 언어에 노출이 되어야 한다는 조건이다. 즉, 한계연령가설(critical period hypothesis) 가 Leneberg(1967)에 의해서 제시되고, 이와 관련하여 생쥐와 조류 등의 동물 실험으로 사실을 입증하기 위한 자료들이 제시된다.

이러한 과정에서 언어학자 Chomsky는 언어란 기존의 입장과는 완전히 다른 언어 생득성(innateness)를 제안하게 이른다. 이는 인간은 유전학적으로 언어를 구사할 수 선천적 능력을 가지고 태어나게 되고 그런 능력은 마치 인간의 치아가 유치에서 영구치로 교체되는 것이 모든 인간에게 나타나고, 그 시기 또한 비슷한 것처럼, 그리고 목소리가 모두에게 그리고 일정한 시기에 변성기를 겪는 것처럼, 여성이 일정한 시기가 되면 생리현상이 시작되는 것 등 생물학적 발달 과정에서 생기는 여러 현상과 마찬가지로 언어 또한 나이 3-5세 사이에 정상 아동에게 일률적으로 언어 구사능력이 발휘되고 그것이 능력이 만개하여 마무리되는데 걸리는 시간과 시기가 거주하는 장소, 기후, 부모의 모국어, 지적수준, 교육여부 등과 무관하게 나타난다는 것을 근거로 한다.

이러한 제시는 더 나아가 인간의 탄생 특히 언어의 탄생에 대한 비밀을 푸는데도 큰 영향을 미친다. 인간의 진화에서 큰 역할을 가져왔던 다윈의 종의 기원이 언어탄생이 적용이 되었는지에 대한 논쟁인데 이는 2000년대 초와 중반에 걸쳐 언어학 전쟁이라고 불릴 만큼 큰 논쟁거리가 되었다. 그 주축에는 Chomsky, Hauser, Fitch 측과 Pinker와 Jackendoff 측이 있다. 이 두 측은 특정 주제에 있어서는 동의하는 것도 있지만 언어의 탄생이라는 주제에 있어서는 첨예한 차이를 보이고 있다.

Pinker와 Jackendoff는 Darwin적 입장을 고수하며, 인간의 언어의 탄생에는 그 중요한 목적인 의사 소통의 필요성에 기인한다고 주장한다. 그 이유로, 인간의 진화에는 나름대로의 순서가 있는데, 대표적으로 인간의 시각기능에서 안구(eye ball)의 출현은 안구를 움직이게 하는 안구 근육보다 선행해서 나타났을 것으로 보는 이유이다. 그 반대의 순서로 진화했다는 것은 상상하기 어렵기 때문이다. 따라서 언어 또한 의사 소통이라는 그 당시 갑작스럽게 증가한 인구수에 따른 유목생활의 청산과 보다 많고 오래 지속될 수 있는 양식 포획을 위해 의사 소통이 절대적으로 필요했다고 보고 이러한 필요성에 결국 언어의 탄생을 이룩되었다는 주장이다.

이러한 주장의 치명적인 문제는 Chomsky, Hauser, Fitch가 지적하듯이, 만약 인간 언어기능이 이전의 어떤 기능 혹은 기관에서부터 의사 소통의 필요성에 따라 점진적으로 진화한 결과라고 한다면, 과연 언어 능력이전의 초기의 기능 혹은 기관은 무엇이었을까를 찾아내는 것은 거의 불가능하다는 것이다. 즉, 현재의 언어 능력을 비추어 볼 때 인간 진화에서 그 어떠한 능력이나 기관이 언어 능력의 초기 모습이라고 볼 만한 것이 존재하지 않는다는 것이다.

이처럼 언어 능력은 인간의 그 어떠한 능력과도 다른 아주 독특한 능력이고 이러한 능력은 인간에게만 존재하고 따라서 이러한 언어 능력은 돌연변이에 의해 갑작스럽게 나타난 기능이라는 주장이다. 따라서 인간의 언어 능력은 인간의 인지 능력의 독특하고 독립적 기능으로 인지언어학에서 주장하는 보편적 인지로는 상대적으로 비교할 수 있는 대상이라는 것이다. 이렇게 전개된 것이 언어 능력에만 존재하는 보편적 장치 소위 보편원리(universal principles) 혹은 보편문법(universal grammar: UG)이다.

언어의 보편 원리(universal principles)를 발견하고자 하는 연구들은 크게 두 가지의 접근으로 진행되었다. 첫 번째 접근은 Greenberg (1963) 방식으로, 일련의 언어들 자료를 수집하여 이론 외적인 언어 자료집을 정리하여 기술적(descriptive) 보편성을 근거로 언어의 일반적 기조를 토대로 구체적 보편성을 확립하였다. 다른 접근은, Chomsky(1957, 1965)에서 시작하였는데, 그는 소수의 언어에서도 보편성을 추출할 수 있다는 가정 하에 표면상의 다양성에서부터 언어의 심층적, 추상적 문법관계와 일반화에 대한 보편화를 추구하는 방식이었다.

위의 두 접근의 차이는 Comrie(1989)에서 밝히고 있듯이, 연구대상의 언어자료 수집의 범위와 그 보편성의 추상성에 있다. 논의의 대상이 되었던 통사적 애매함(syntactic ambiguity) 주제는 수식어가 수식하는 대상에 대한 선호도에서 일정한 반응을 보이고 있다는 것에서부터 시작한다. 만약 이렇듯 화자들이 특정한 해석에 대한 선호도를 일관되게 보인다면 그것이 바로 화자들이 가지는 보편적 성향이라고 간주하고 이를 실험을 통해 밝히고 증명하는 것이다.

심리언어학의 초기 연구는 언어학의 논리 및 실증적(empirical) 제시안들을 과학적 도구(tools)를 이용한 실험적 증거들로 증명하고 화자의 심리적 실체(psychological reality)를 밝히는데 그 목적이 있었다. 예를 들어, 술부(predicate)라는 술어중심의 어휘 묶음의 존재라든지, 문형이 변형에 의거 생성된다는 가설, 혹은 특정 문형에 대한 선입관(bias)이 언어활동으로 형성될 수 있다는 사실 등이다.

이 처럼 언어 정보를 해독함에 있어 개입되는 선입관에 대한 연구가 집중되는데 그 이유는 선입관이란 개인에 따라서 더 나아가 해당 언어집단이 가지는 공통적 반응이나 경향으로 그 형성과정 밝힘으로서 해당 언어적 표현에 대한 화자들의 심리적 실체를 파악해낼 수 있다는 가정 때문이다. 이러한 차이가 어떠한 근원적 이유에 의한 것인지 아니면 개인적 성향에 따른 것인지를 밝혀내기 위하여 다양한 변인들을 확인하기 위한 실험기반 연구들이 진행되었다.

이러한 과정에서 초기에 집중되었던 연구는 문형에 대한 통사적 복잡성이다. 즉, 통사적 변형이 적용된 횟수가 많을수록 정보처리 지연이 심화된다는 것이다. 초기 생성문법의 변형에 대한 화자들의 심리적 실체를 증명하고자 평서문애서부터 의문사의문부정문에 이르기까지 다양한 문형으로 화자들의 해독 및 반응속도를 측정한 것이다. 더 나아가 소위 정원길(garden path) 구문과 구조적 및 어휘적 애매성(ambiguity)를 이용한 문장의 특정 구역에서의 과다한 반응속도 지연현상을 감지하고 언어 판독의 과정에서 중요한 인지적 작동이 있음을 여러 방면으로 증명해왔다.

그러나 최근 심리언어학에서는 이러한 선입관의 차이에 반하여, 처리 선호도(parsing preference)에서 일종의 언어 보편적 특성이 있음에 주목하고 특정 언어에게 나타날 수 있는 특성이 다른 언어에도 존재하는지에 관심을 가지게 되었다. 그 예가, 통사구문에서의 복잡성(syntactic complexity)으로 영어를 중심으로 변형의 적용 회수가 언어처리 지연에 영향을 줄 수 있음을 주장했다.

그러나 최근 보편성에 대한 논의가 확대되면서 그 대안으로 통계적 보편성(statistical universals)의 중요성과 역할이 강화되고 있다고 본다. 즉, 언어 현상은 문법체제의 의존하는 것처럼 보일뿐 아니라 환경 등에도 민감하게 반응을 함으로써 개인 및 언어 간의 다양성이 존재하게 되고, 이러한 다양성을 보이게 하는 근본적으로 보편적인 양상 또는 패턴도 존재한다는 양면성을 주장하는 견해이다.

이러한 견해의 근간에는 생득성 가설(innateness hypothesis)이 있다. 언어를 사용할 수 있는 인간의 능력은 인간의 유전적 능력의 하나이며, 유전학적 요인들에 의해서 언의 형식과 구조의 세부적 사항들이 결정된다고 본다. 인간의 음성인식 시스템의 보편성으로 인간은 일찍이 경험치와 무관하게 언어학적 지식을 타고나는데 이 중에는 언어 지각과 습득에 필요한 음절 구조 인식 등이 있다고 한다. 해부학적 특징에서도 넓은 두정엽과 대뇌 측두엽 주변의 인술라(insula), 무수한 스풀 세포들이 그 예들이다. Lenneberg (1967), Bailey et al.(1974), Johnson and Newport(1989)에서 논의된 한계연령가설(critical period hypothesis) 또한 L1과 L2 언어 습득에서 언어가 생물학적 기능이라는 것을 증명하고 있다.

언어 보편성에 대한 최근의 주장에는 언어 발생, 언어의 중추적 능력에 해당하는 소위 통사적 반복(recursion)이 있다. 추상적 언어 보편성의 견해의 기본은 소위 통사적 반복적 운용에 있다. 즉, 같은 범주가 계층적으로 적용되어 구조가 확대되어 가는 형성과정이다. 최근 언어 이론의 근간이 되는 반복성(recursion)은 논란의 대상이 되었다. Hauser et al.(2002)은 Chomsky(1957, 1965)를 따라 반복의 특성이 언어의 통사체 형성의 핵심이라는 견해에 반해, Evans and Levinson(2009) 등은 UG라는 것이 본질적으로 실증적 오류가 있다고 주장한다. 즉, 언어들에 반복성은 제한적으로 사용되거나 심지어 반복 기능이 전혀 없는 언어도 있다는 것이다.

다음은 Evans and Levinson(2009)에 제기한 Bininji Gun-wok어의 자료이다.

(4) a. they_stood/they_were_watching_us/we_were_fighting_each_other.
    b. [They stood [watching us [fighting]]] (Evans 2003)
(5) a. barri-kanj-ngu-nihmi-re.
    b. they-meat-eat-ing-go (they go along eating meat) (Baker 1988)

Mithun(1984)은 또한 포합어(polysynthetic languages)의 문헌에서 종속절을 포함하는 분포를 조사한 결과 Bininj Gun-wok의 방언인 Gunwinggu어는 6%, Kathlamet어는 2%만 발견된다고 보고했다. Evans(1995)는 Kayrardid어는 종속구문이 필요한 경우는 반복을 이용한 복합문을 구성하지 않고 아래 예에서처럼 명사화로 대체하는 예를 제시하였다.

(6) ngada kurri-ju dang ka-wu raa-n-ku banga-wuu-nth
    I watch-fut man-obj spear-nomzr-obk turtle-obj-obl
    'I will watch the man spearing the turtle.'

언어의 보편성에 반하는 예를 제시하는 연구 중에서 아마존 지역의 언어 Pirahá가 Everett(2005)에 의해 제시되었다. 그 예를 다음에서 살펴보자.

(7) Kóxoí higáísai. Kohoi hi goó gáísai. Xaogii báaxáí.
    (lit: Kpxoi said (that). Kohoi he what said. Foreign woman is pretty.)
    'Kokoi said that. Kohoi said THAT. The foreign woman is pretty.'

Everett(2005)는 이 언어에서는 새성 문법의 근간이 되는 인간 언어 능력의 핵심인 반복(recursion)이 일어나지 않는 예라고 주장한다. Fitch et al.(2005)는 이러한 반례에 대하여 주장하기를, 비록 일부 언어에서 반복의 기능이 없어 보이는 예들이 발견된다 하더라도 상당한 수의 언어들에는 여전히 반복의 활용이 나타나기 때문에 인간들에게 언어 지식에서 반복 기능이 있다고 말하는 것이 틀린 것은 아니라고 한다. 그러나 Jackendoff(2002)는 반복 기능이 절대적 보편성이 아니라 언어에 따라 선택하게 되는 여러 구성 자질 중의 하나이며, 언어 기능은 언어 형성에 필요한 도구를 제공할 뿐 그렇다고 해서 모든 언어들이 동일한 언어 도구를 보유할 필요는 없다고 주장한다.

이처럼 언어의 보편성과 다양성의 큰 획을 긋는 제안이 등장한다. 소위 원리-매개변항 이론(principles and parameters theory)인데, 이는 제한된 숫자의 보편원리가 존재하고 이 원리들이 어떻게 적용되는가는 각 언어의 변인에 의해서 결정되고 그 변이에 따라 언어의 다양성이 나타난다고 본다. 플라톤의 문제(Plato's problem)에서 시작된 L1 언어 습득 과업 논의에서 아동들은 지시 사항들(instructions)를 익히는 것이 아니라 모국어의 특징적 자질을 선택(selection)하는 과

정이라고 본다. 언어 습득에서 일어나는 연속적 효과(cascade effects)
과 후생 유전학 전망(epigenetic landscape) 등은 350여개의 유형으로
발전하는 세포의전개방식(pathways), 그리고 Carnie(2003)이 컴퓨터
방식의 번역 시스템 구축과 관련하여 제시한 핵심 보편 문법의 모듈
설정 등은 모두 원리-매개변항 이론을 지지하는 증거들이다.

보다 구체적으로 각 언어들의 어순에 대한 현상을 살펴보자.

(9) a. 어순
      S[VO] 35%. S[OV] 40%, VS[(V)O] 7%, *[SV] (McCloskey 1991)
    b. 형태소 융합(incorporation)
      VO 'the baby meat-ate,' *SV 'baby-ate the meat' (Park 2017)

(9a)의 어순에서 대체로 S-O가 대부분인 반면 O-S는 거의 없다는
사실과, 집합어(polysynthetic)에서 동사와 목적어의 융합은 흔하지만
주어와 동사의 융합은 거의 발견되지 않는 유사점이 있다.

Rizzi(2005)는 국부성(locality) 관련 논항과 비논항간의 비대칭성
이 언어 보편적이라고 제안한다.

(10) a. Quale problema non sai come resolvere?
         'Which problem don't you know how to solve? '
     b. *Come non sai quale prolema risolvere?
         'How don't you know which problem to solve? '
(11) Akiu xiang zhidao [women weishenme jiegu-le shei] ne?
     Akiu want know [we why fire-pfr who] Qwh
     'Who is the person x such that Akiu wonders [why we fired person x]?'

'What is the reason x such that Akiu wonders [whom we fired for reason x]?'

(10) 문장의 문법성의 차이는 의문사구의 보어/부가어의 차이로 설명이 가능하고, (11)에서도 두 가지 해석은 의문사를 보어와 부가 어로 각각 간주함으로 해서 생기는 이중성이다.

표면적 언어의 차이점들을 벗어나 언어들이 가지고 있는 내부의 사항들을 조심스럽게 비교해보면 그 언어들에는 내부의 변이들이 존재한다는 주장을 Smith(2004)는 하고 있다.

(12) a. I sometimes eat caterpillars.
    b. Sometimes I eat caterpillars.
    c. I eat caterpillars sometimes.

그러나 Jackendoff and Pinker(2005)과 Gentneret et al.(2006)은 반 복 기능이 인간의 언어 능력에만 제한적으로 존재한다는 생성론자 들의 견해에 대한 반론으로 인간의 시각 능력에도 무한한 반복의 운 용이 존재하며, 유럽의 찌르레기 새는 반복 기능을 처리할 수 있는 능력을 습득한다고 주장한다. Koster(2010)와 Boeckx(2009)은 원리 와 매개변항 이론에 매개 변항의 개념은 언제나 그렇듯이 미완성된 채로 남아있고, 원리들이 제거된 최소주의의 틀에서도 여전히 매개 변항을 가지고 설명해야하는 모순이 있다고 지적한다.

2.2. 언어의 역사

진화 인류학자들은 인간의 진화 역사에서 언어 기능의 발생, 특히 어휘라고 간주할 수 있는 상징 단위(symbolic units)의 발생이 생존을 위한 수단이었음을 제안한다. 즉 부족을 이루며 생활했던 인간들이 인구수가 늘어나면서 식량 확보가 최우선이었고 정착과 수렵 활동을 병행하게 되었고 특히 수렵을 통한 식량 확보를 효과적으로 수행하기 위해서 소단위로 나뉘어져 행동했을 것이고, 이들 소단위들은 노획물을 확보하거나 이용의 원활함을 위해 의사 소통이 필요했다는 보는 것이다. 이렇게 발생한 상징 단위는 계속 더 복잡해진 생활에서 필요성에 의해 점차 그 수가 늘게 되었고, 또한 상징 단위의 숫자에 대한 한계는 없었을 것이라는 주장이다(Bickerton 2002, Odling-Smee et al. 2003, 및 Pinker 2003).

Bickerton(2007)는 이러한 상징 단위들은 의사 소통을 위한 것으로 인류 진화에서 특별한 신경학적 혹은 유전학적 변화를 요구하지 않았을 것으로 간주한다. 그 후 지금으로부터 20만 년 전 인류에 현재와 같은 언어 기능이 발생하였다고 보는데, 그 시작은 어휘 단위의 상징체들을 결합하여 추상적인 단위 소위 어구나 문장 단위로 만들어 낼 수 있는 능력이 생겼다고 한다. 이러한 어구나 문장이 형성되기 위해서는 어휘 단위에서부터 결합이라는 통사부(syntactic component)가 발생하였고 이것은 일종의 생물학적 요인으로 발생했을 가능성이 크며, 이는 인간 두뇌 상의 실질적 변화와 밀접한 관계가 있을 것임을 주장한다.

실제로 진화 인류학에서는 언어 발생에 대하여 세 가지의 입장이 제시된다. 첫째는 특정 시대에 인구의 수가 급속도로 증가하게 되고, 이로 인해 생존 경쟁을 위해 두뇌 활동이 많아지면서 언어가 발생했다는 것이다(Dunbar 1996).

둘째는 인간 진화 과정에서 두뇌 크기가 현재와 같은 풀사이즈로의 변화에 의하여 추가된 두뇌의 영역에 발생한 새로운 능력 중에 언어가 발생했다는 것이다. Donald(1991)은 인간의 두뇌가 현재와 같은 부피가 되었다는 것은 기존의 없던 기능이 발생했다는 것을 의미하는 것으로, 새로운 기능 중에는 언어 기력이 포함될 수 있다는 제안이다.

세 번째는 Klein and Edgar(2002)와 Klein(2002)의 제안으로, 인구 수의 증가가 언어 발생을 유발했다면 왜 인간보다 많은 수의 유인원이나 다른 생명체에는 인간과 같은 언어가 나타나지 않는가라고 반문하고, 두뇌 크기 또한 현재의 수준으로 변화되기 전에 이미 많은 유적들에서 진화된 모습들이 발견되기 때문에 이 제안 또한 가능성이 없다고 주장하면서 대신 인간 두뇌의 발전은 점차적이기 보다 한순간 갑작스럽게 이루어졌을 가능성이 높고, 이는 결국 돌연변이 (mutation)에 의한 유전적 변화일 수밖에 없음을 제안한다. 즉, 신경 세포 사이에 정보의 전달 속도와 양이 갑자기 빨라지고 많아짐으로써 생각하는 바를 표현할 수 있는 능력 또한 엄청나게 발달했다는 것이다(Lieberman 1984, 1998, 및 Corbalis 2002).

세 번째의 주장을 뒷받침 해주는 가장 강력한 증거는 언어 장애인

가족 구성원들의 유전적 기록과 인간 진화과정에서 발견되는 FOXP2 유전자의 단백질 변화이다. KE 가족이라 불리는 구성원들은 4 세대에 걸쳐 총 37명 중 15명에서 언어 장애가 나타났다. 인지 능력의 개인 차이를 밝혀내기 위한 유전학적 실험을 통해 언어 장애를 겪고 있던 KE 가족에게서 공통적으로 유전자 FOXP2의 돌연변이가 발견되었다. fMRI와 PET 두뇌 영상 실험에서 이들 언어 장애인들은 모두 물리적인 차이가 발견된 것이다, 즉, 중추 신경 덩어리(basal ganglia)의 꼬리 모양의 핵에서 구조적 및 기능적으로 비정상적일 뿐 아니라 해부학적으로 이들은 두뇌의 후배부 여러 영역에서 회색질(gray matter)의 심각한 감소가 나타난 것이다. 이러한 회색질의 감소는 운동기능 저하로 발화기능을 어렵게 만들고, 안면 근육들을 처지게 만들어 발화에 필요한 유연성이 상실되는 것으로 알려져 있다.

한편, 진화 인류학자들은 이러한 발견을 통해 FOXP2 유전자가 인간을 다른 동물들과 구별지을 수 있는 중요한 요소인 언어 기능과 관련되어 있다고 제안한다(Lai et al. 2001 및 Chen and Li 2001). 이어진 FOXP2 유전자에 대한 연구를 통해 여러 종족의 진화 과정에서 이 유전자는 계속해서 일부의 변화를 겪어 왔고, 언어 발생과 관련하여 인간은 다른 여러 유전자의 변화도 수반하고 있으며, 이는 인지 능력 및 운동 능력에도 영향을 미치게 되었음을 밝히고 있다. 이를 토대로, Enard et al.(2002)은 FOXP2가 인간 언어의 출현에 직접적인 관계가 있음을 제안한다.

만약 FOXP2가 언어 유전자라면, 왜 돌연변이가 발생하게 되었을

까? 이 질문에 대한 대답에는 크게 두 개의 가능성이 있다. 하나는, FOXP2 유전자 분석에 참여했던 많은 과학자들이 가정하듯이, 새로운 두뇌 시스템의 습득이라기보다는 기존의 두뇌 시스템의 수정 (modification)이라는 것이다. 이와는 별도로 Jakendoff and Pinker(2005)는 항법(navigation), 사회적 인지(social cognition) 등을 내세우며, 언어의 출현이 기존 연산 장치에서부터 파생된 것임을 주장한다. 즉, 인간의 시각 기관의 진화 과정에서 망막은 안구를 움직이는 안근육이 없었어도 존재가치가 있었을 것이지만, 그 반대 순서로, 망막이 존재하지도 않은 상태에서 안구를 움직이는 안근육이 존재했을 가능성은 없다는 것이다. 언어 또한 통사 능력이 없었다 하더라도 의사 소통을 위해서 존재했었을 것이며, 통사 능력의 출현은 기존의 의사 소통을 위한 언어 수행을 보다 효과적이고 능률적으로 이끌기 위해서 일어났을 것이라는 주장이다.

한편, Fitch et al.(2005)와 Chomsky(2007)은 Tattersall(1998)의 인용을 통해, 인류학적으로 풍부한 상상력과 언어 및 상징 단위의 출현 및 자연 현상에 대한 기록물을 제시하며, 언어의 출현은 갑작스럽고 의외였으며, 이로 인해 수학 등의 많은 다른 인간 능력이 발휘되는 계기가 되었다고 주장한다. 이러한 주장을 위해 Savador Luria와 Francois Jacob 등의 주장을 받아들인다.

그들은 최소주의라는 최근의 언어 이론을 제시하고 여기에 두개의 접합부(interfaces)를 설정하는데 하나는 소리를 담당하는 영역, 즉 sensori-motor(SM) 접합부이고 다른 것은 해석을 담당하는 영역, 즉 conception-intentional(CI) 접합부이라고 한다. 이 중에서 언어란 의미 전달이 핵심이기 때문에 이 두 접합부 중에서 CI 접합부로의 과정이 더 우선적으로 발생했을 것이라고 본다. 따라서 언어는 의사 소통을 위하여 발생한 것이 아니라, 개인의 인지적 영상을 조장하고 상징화하며 현실성을 구성하여 사고와 계획의 능력을 수행하기 위한 것이라는 주장이다. 이것은 결국 무한대의 상징 단위 형성을 가능케 함으로써, 가능 세계에 대한 정신적 창조를 이루게 된다는 것이다.

만약 이들의 주장이 옳다면, 최초 언어 발생은 개인 스스로의 의사 표출(self expressions)을 위해서 발생했을 것이며, 타인 혹은 다른 공동체와의 의사 소통이라는 목적은 부수적인(secondary) 것일 뿐이다. Chomsky(2007)는 실제로 이러한 비대칭성이 경험적 증거들에서 나타난다고 주장한다. 연산 체제(computational system)의 비대칭성은 소위 최소 연산(minimal computation)과 쉬운 처리(easy processing) 사이의 갈등과 연계하여 볼 수 있다. 내재적으로 형성된 언어 표현은 병합된 각 요소의 최초와 최후 출현(occurrences) 뿐만 아니라 중간의 출현도 모두 포함해야 한다. 그 이유는 각 출현이 의미 접합부에서 모두 필요한 요소들이며 해석에 영향을 미치기 때문이다. 그러나 이러한 출현이 SM 접합부에서는 모두 필요하지 않으며, 가장 현저한(prominent) 출현을 제외한 나머지 출현들은 소리화(Spell-out)되지 않는다.

이 두 접합부에서의 차이는 다음으로 해석될 수 있다. 즉, 모든 출현들이 소리화되는 것은 언어 정보처리에는 도움이 될 수 있지만, 한편으로 능률적인 연산 과정이 되지 못하며, 반대로 가장 현저한 출현만을 소리화한다면, 연산 과정은 최소화될 수 있지만, 한편으로 언어 정보처리는 그 만큼 발화된 요소와 삭제된 요소사이의 연관성을 이해하는데 어려움을 주게 된다는 것이다. 이러한 두 접합부에서의 갈등에서 주로 우선권을 갖는 것이 최소 연산 조건이며, 따라서 의미 접합부가 된다는 것이다.

언어 능력을 언어학에서부터 주변 학문으로 관심 영역을 확대하게 된 계기가 실어증(aphasia)이다. Broca(1861)와 Wernicke(1874)이 보고한 실어증 화자들은 모두 두뇌의 특정 부위의 손상을 입은 환자들이었고, 이후 Golgi(1873)와 Cajal(1917)은 뇌 신경세포와 신경 네트워크의 확인을 가능하게 했으며, Hubel and Wiesel(1959, 1962), Lenneberg(1967) 그리고 Kasamatsu(1979) 등의 두뇌 신경조직의 회복성(plasticity) 연구, 나아가 Hebb(1940)에서 시작된 연결주의(connectionism)에 이르기 까지 언어 능력에 대한 주제는 이제 범학문적 연구 대상이 되었다.

인접 학문에서 제시된 연구 결과 중에서 가장 획기적인 내용이 앞에서 간략하게 언급했던 FOXP2라는 유전인자에 관한 것이다. Lai et al.(2001)과 Fisher et al.(1998)의 연구에서 인간 진화 과정에 안면 근육의 부드러움과 성대 하락에 관련한 유전자가 언어 능력의 영향을 주었다는 것이다. 일련의 가족 구성원들에 다수의 언어 장애자가 있는 집단을 종단적으로 조사한 결과 FoxP2 유전자의 단백질에 이상이 있음을 발견하고 동물들에서 그것과 비교 분석하고 이 유전자가 인간 언어 능력을 보유하게 한 유전자임을 제안했다.

신경학과 신경화학 영역에서의 접근은 언어 장애와 아동의 L1 습득 등의 자료를 분석하고 언어 활동이 신경 네트워크상에서 설명될 수 있음을 제안한다(Grodzinsky2000). 생후 12년간의 두뇌 회색질과 백색질의 부피 비율 변화를 신경화학물질의 반응과 연계해서 백색질의 증가를 두뇌 특정 부위의 변화 그로 인한 언어 습득과 발달의 근거로 제시하기도 하였다(Baslow and Gulifoyle 2007, Paus et al. 2001, Park and Park 2012, Park 2009 및 Bonilha et al. 2007).

언어 능력 출현에 대한 생물학적 접근에는 두 가지 방향이 있다. 하나는 현재의 생물학이론을 언어 연구에 적용시키는 방법이고 다른 하나는 생물학을 확장시켜서 언어 연구를 포함시키는 것이다. 언어학에서 추구하는 것은 후자의 방식으로 현재의 지연과학 테두리 내에서 언어 능력에 대한 통합적 연구를 모색하는 것이다.

진화 인류학에서 입장에서는 Klein(2004)에서처럼 두뇌의 질(quality) 면에서 갑작스러운 발달이 일어났고 그것이 언어 출현을 야기했다는 주장, Chomsky(1972, 1988), Guold(1987), 및 Gould and Lewonir(1979)의 돌연변이 혹은 다른 진화의 부수적 산물로 언어가 출현했다는 주장, 그리고 다원적인 자연도태의 양식으로 언어가 가능해졌다는 주장(Pinker and Bloom 1990) 등이 있다.

Chomsky(2005)는 언어 출현에 관한 지금까지의 논란에 대하여 다음과 같은 견해를 보인다.

(14) a. 언어에만 제한적으로 적용되는 유전적 재능
     b. 경험
     c. 언어 기능에만 국한되지 않는 원리들

(14a)는 보편문법 즉 언어의 보편성을 지칭하는 것이고, (14b)는 자극의 빈곤(poverty of stimulus), 통계적 학습(Saffran 2003, Charter and Christiansen 2010)에 의한 언어 경험치, 그리고 (14c)는 효과적 연산 작용(computational efficiency), 최소 연결 조건(minimal link condition), 복사이론(copy theory) 등의 제약들이다.

(15) a. 최소 연결 조건(MLC)
        What should [$_{TP}$ they [$_{VP}$ __ [$_{VP}$ discuss __]]]]
     b. 복사이론(copy theory)
        What should [$_{TP}$ they should [$_{VP}$ what [$_{VP}$ discuss what]]]]

지금까지의 절대적 보편성(absolute universals)에 대한 끝없는 논의와 무관하게 통계적 보편성(statistical universals)을 근거로 한 언어 보편성과 다양성의 논의가 있어 왔다. 심리언어학의 언어 생성과 해독에서 나타나는 경향(tendency)를 점검하는 것으로 화자들이 특정 문형에 대한 선호도 혹은 사용 빈도 혹은 해독의 속도 등으로 나름의 보편성을 찾을 수 있다고 한다. 그 중에서 흥미로운 것은 전개 확률(transitional probability)이다.

8개월 된 아이와 빨간 엉덩이 원숭이(tamarin)는 소리의 연속에서 어휘 유형의 단위를 추출해낼 수 있다고 한다. 유아기를 지난 인간들이 또한 발화를 분절해 낼 수 있을 뿐만 아니라 분절음을 최소 대

립이지만 의미적으로 다른 단어들을 담고 있는 거대한 어휘부로 사상(map) 시킬 수 있다고 한다. 이러한 능력이 언어 보편적 특성이다. 따라서 언어기능에 대한 보편성과 다양성은 여러 종류의 보편적 개념에 따라 다르게 전개되고 그에 따라 다른 결과를 도출하게 된다.

이에 Yang(2004)은 보편문법(UG)과 통계학(statistics)은 언어 연구에 있어 분리될 수 없는 기준이라고 한다. 따라서 두 장치 모두를 사용하여 언어 기능을 탐구하고 일반화시킬 수 있는 모델이 필요하다고 역설한다. Bonatti et al.(2005)는 본질적으로 인간은 모음에 비해 자음에 대한 인지가 강하고 그럼으로 해서 어휘 분별이 자음에 의해 주로 가능하다고 주장한다.

그러나 Seidenberg et al.(2002, 2007)은 자음이 어휘 분별에 중요한 역할을 할 수 있는 이유는 본질적인 자음과 모음의 차이라기보다는 대부분의 언어들은 자음에 의해 구별되는 단어가 모음에 의해 구별되는 단어보다 더 많고 언어 화자들은 언어에 노출되는 동안 이러한 차이에 익숙하기 때문이라고 한다. 즉, 자음과 모음의 선천적 혹은 고유한 기능의 차이보다는 언어 활동에 의한 경험치 즉 통계적 학습의 효과가 있기 때문이라는 것이다.

접합부(interfaces)의 개념은 기존 문법체계에 많은 변화를 가져다 왔다고 볼 수 있다. 앞에서 언급하였듯이, 언어 기능이 광의와 협의로 나누어질 수 있다고 했고, 그 중에서 언어의 시작, 통사부의 등장은 바로 협의의 언어 기능의 출현에 해당한다고 하였는데, 그럼으로 해서 해결했어야 할 부분들이 이전에는 평범히 언어 기능으로 간주되었던 내용들이 광의의 언어 기능으로 속함으로서 협의와 광의의 언어 기능사이의 연결부분이 첨예한 주제로 등장하게 되었다는 것이다. 여기서 접합부라는 개념은 바로 광의와 협의의 언어기능을 연결해주는 가교역할을 할 뿐만 아니라 기존 언어 능력으로 간주되는 대부분의 현상들이 이제는 접합부의 조건에 맞도록 맞추어지고 그것에 따라 진행되어야 하는 것으로 재조정되었다는 것이다.

그 대표적인 것이 기존 통사적 현상이라고 여겨졌던 현상들이 음성부 현상으로 간주되기 시작하였고, 또 그렇게 분석되고 있다. 그 이유는, 추상적 보편성에 의해 심층의 보편성에 반하여 표면적 현상은 언어의 다양성을 대변하기 때문이다. 즉, 언어의 다양함은 결국 표면적 사상(representatives) 및 음성적 표현에 국한된다는 것이다.

다음의 예를 보자.

(16) that-흔적 효과(Sato and Dobash 2014)
   Who do you think that *(according to the latest rumor) __ is quitting politics?

소위 that-흔적의 비문법적 문장들에서 접속사 that과 흔적의 주어 사이에 어떠한 삽입구가 나타나면 정문으로 된다는 사실인데, 통사적으로 설명이 어려운 현상이다. 이에 Sato and Dobash(2014)는 운율 규칙을 이용하여 SM 접합부로의 해결을 시도하고 있다.

(17) a. *John QUIETLY ate the beans, and Bill LOUDLY ate the beans.
   b. John ate the beans QUIETLY, and Bill ate the beans LOUDLY

(18) a. nani-o John-ga [Mary-ga ___ kata ka] sitteiru (koto)
     what-acc -nom -nom bought Q knows (faoct)
     'What did John know Mary bought?
   c. Mary-ni Tom-ga sono hon-o [John-ga ___ ageta to] itta-dat
     -nom that book-acc -nom gave that said
     'Tom said John gave that book to Mary,'

(17)의 공백화에서 특정 어순의 효과로 문법성이 달라지는 경우
및 (18)의 뒤섞이 역시 이동이라면 통사적 운용의 틀에서 해결되어야
하지만 어순 변화 이외에는 뚜렷한 효과를 보이지 않기 때문에 이 또
한 SM 접합부에서의 현상으로 보아야 한다는 의견이 적지 않다.

실제로 Erteschiki(2001)은 스칸디나비아 지역의 언어들의 특징인
목적어 전환(object shift: OS) 현상을 근거로 한다고 제시하여 왔다.

(20) a. Han så [VP (aldri) t_V [SC analysen løse oppgaven] (*aldri)]
     He was never the analysis solve the assignment never
     'He (never) saw the analysis solve the assignment'
   b. Han så [VP (*aldri) t_V [SC den løse oppgaven] (*aldri)]
     he saw never it solve the.assignment never
     'He saw (*never) it solve the assignment'

예문 (20)은 목적어의 전환을 위해서는 동사가 VP 범주에서부터
벗어나야 하는 전제조건을 보여주고 있다. 이와 유사한 음성부 현상
으로 처리하는 기존 통사 운용에는 Holmberg(1999)와 허수원(2015)
가 있다. 특히, 허수원(2015)은 이들이 통사부와 음성-음운부와의 상
호작용에 초점을 두고, 음성적으로 값이 없는(null) 요소들은 특별한

통사적 면허(licensing) 대상이 된다는 Chomsky(1981)의 제안에 따라, [P]-자질과 같은 특수한 음성 자질 중에는 특정 통사적 규칙에 적용받는 것이 존재할 수 있음을 제안한다.

최근 Chomsky(2015, 2016)의 표찰 알고리듬(Labeling Algorithm: LA) 제안은 언어의 보편성과 다양성에 대한 논의에 새로운 장을 개척하고 있다. 반복의 무한 병합(Merge) 장치의 보편성은 구체적으로 최소의 탐색 영역(minimal search domain) 제약에 따라 다음의 하위 체제를 요구한다.

(21) a. {X, YP} -> X
    b. {XP, YP} -> IM of XP or IM of YP
            -> <phi, phi>

최소 탐색 영역에서 핵(머리어)가 확인되면 그 핵이 표찰이 되는 방식(21a)와 최소 탐색 영역에 핵이 확인 되지 않는 경우(21a)로 구별된다. (21b)는 다시 두 요소 중에 하나가 내부병합(internal Merge: IM)되어 이탈하는 방식과 두 통사체의 일치(phi) 자질의 공유로 표찰되는 방식으로 나누어진다. (21)의 LA는 언어보편성을 보여주는 언어 기능이다. 한편, (21)이 어떻게 전개되느냐는 언어 다양성에 해당한다. 적어도 지금까지의 병합 체제에서는 다음의 가능한 도출 방식이 있다.

언어의 보편성과 다양성에 있어서 LA는 CI의 해석뿐만 아니라 SM의 음성화 즉 외현화를 구축하기 위한 핵의 자질을 결정짓는 역할을 한다. 지금까지 살펴보았듯이, 언어의 보편성과 다양성은 오랜 기간 동안 논의되어 왔고 앞으로도 계속 해결해야할 주제이기도 하다. 과거와 다른 점은 현재 언어 기능에 대한 접근은 언어학 분야의 주제이기 보다는 인류학, 생물학, 유전학, 뇌화학, 신경과학, 심리학 등 범학문적 대상이 되었고 그럼으로 해서 보다 분명하고 확고한 결론을 도달할 수 있는 가능성이 높아졌다고 본다.

2.3. 언어의 구조

언어 기능(faculty of language: FL)에 대한 흥미로운 논쟁이 2000년대 초에 시작되었다. 그 발단은 Science 지에 실린 Hauser, Chomsky, Fitch (2002)의 논문인데 여기서 저자들은 언어 기능을 크게 두 부분으로 나누고 있다. 협의의 언어 기능(narrow faculty language: FLN)과 광의의 언어 기능(broad faculty language: FLB)으로 초기 생성문법에서 제기했던 인간의 언어 능력을 더 세분화하면서 언어 능력 중 핵심 기능만을 언어 기능으로 간주하고 과거 언어 기능으로 간주했던 영역들을 모두 광의의 언어 기능으로 편입시키면서 협의의 언어 기능은 이제 인간이 가지는 언어 능력의 전부이고 이 능력은 인간들만 가지는 유일한 기능이라고 본 것이다. 다시 말해 협의의 언어 기능은 광의의 언어 기능의 부분 집합(subset)에 해당하고, 그 구성에는 '반복(recursion)'이라는 핵심 연산 작용이 있으며, 이를 통해 협소 통사부에서 접합부(interfaces)로의 사상(mapping)이 이루어져 있다는 주장이다.

이러한 주장에 반하여, Jackendoff and Pinker(2005)는 협소와 광의의 언어 기능이라는 이분법적 접근으로는 언어 능력을 설명할 수 없다고 한다. 그 근거로 진화인류학적 증거를 제시하는데 이유를 인류의 진화는 본질적 변화의 순서가 있어왔고 언어 능력의 핵심이면서 인간에게만 있는 기능이라고 주장한 '반복'이 언어 이외의 능력에도 존재할 뿐 아니라 인간 외의 종족에도 존재하는 것 같다는데 있다. 이러한 두 주장이 가장 두드러지게 차이가 나는 것은 언어 기능 중에서 특히 통사부의 기원을 정의내리는 데 있다. '반복'이 과연 인간 특히 언어에만 있는 고유한 능력인지에 대한 인류학 및 유전학적 증명이 그 중심에 있다.

더 나아가 결국 언어의 기원이 대화의 필요성에 의한 필연적 진화 과정에서 발행하였는지 아니면 확실하지 않지만 일획 돌연변이(one point mutation)에 의한 것인지는 밝혀야 하는 언어학 외적인 영역에서의 근거를 확인해야하는 새로운 과제를 남기게 되었다.

다음에서는 먼저 협소 언어기능과 광의 언어기능의 정의와 특성들을 살펴보고 언어 기능이 인간 진화에서 발생한 근거를 다양한 증거를 통해 확인하며 앞에서 소개한 두 입장간의 공통점과 차이점들을 비교분석해보겠다. 이러한 과정에서 본 저서에서는 진화적 사항들과 인지적 변화 등의 매개 변항화에 대한 내용들을 함께 논의할 것이다.

인간의 언어 능력에 대한 가장 심오한 의문은 과연 자연 현상에서 이를 어떻게 정의내릴 것인가에 있다. Hauser et al.(2002)은 개념적으로 협의의 언어기능과 광의의 언어기능을 구분하면서 협의의 언어기능은 '반복'이라는 장치만 있고 이것은 인간에만 있는 고유한 능력이라고 한다. 이와 같은 언어 진화에 대한 제안에는 '반복'이라는 장치가 진화역사 상 최근에 발생한 것으로 이전까지 주류로 판단되던 자연도태(natural selection)적 언어 발생에 대한 주장들을 무용화 하는 심각한 제안에 해당한다.

즉, 언어 기능은 이미 존재해왔고, 우리가 언어 능력 특히 통사적 능력의 발생은 결국 협의의 언어기능이 발생한 때를 지칭하는 것이다. 여기서 이미 존재해 왔던 언어 기능은 정의에 따라 광의의 언어기능에 해당하는 것이고 통사기능의 출현은 기존의 광의의 언어 기능 내부에 협의의 언어기능이 추가로 발행하였고 그 발생에는 다원적 자연도태 현상이 아니라 돌연변이식의 출현이라는 주장이다.

언어학의 목적은 언어 기능의 본질을 파악하는 것이다. 그러나 이러한 목적을 달성하는데 있어 언어학적 지식만으로는 가능하지 않다. 따라서 언어학의 새로운 추세는 인접 학문들과의 연계를 통한 종합적이고 복합적 접근이 필요한데, 여기서 인접 학문은 심리언어학, 생물학, 인류학, 고고학, 더 나아가 신경과학이 있다. 언어 문제에 대한 이러한 복합적 접근은 기본적 이슈에 대하여 집중할 뿐만 아니라 답하지 어려운 문제들에 대한 해결에 노력하는데 있다. 이 가운데 심도 있는 논의가 되는 것이 바로 '언어기능이 어떻게 인류에 등장하게 되었나 '와'언어기능이 왜 독특하게 인류에게만 존재하는가 '이다.

(22)
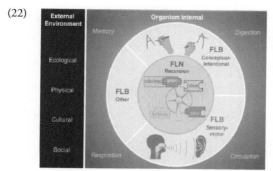

(출처: Hauser et al.2002)

Hauser et al. (2002)의 제안은 결국 이전까지 제시되어왔던 언어 능력을 보다 세부적으로 핵심적 기능과 포괄적 기능으로 나누게 되었고 인간에게 언어가 시작된 것은 결국 핵심적 언어 기능의 시작을 의미하게 되고 반면에 포괄적 기능은 이미 존재하고 있는 능력이었고 핵심적 언어 기능이 출현하면서 그 새로운 기능과 기존 기능과의 연계 혹은 접합(interaface) 역할을 하게 된 것이다.

이러한 제안은 진화인류학 및 유전학적 증거가 필연적으로 제시되어야할 접근으로 언어학 내부에서는 처리될 수 없는 보편적이고 융합적 미래 전개방식에서 그 해답을 찾아낼 수 있는 과제가 된다. 그 결과의 진위를 떠나서 언어 기능에 대한 접근이 언어학 내부에서 주변 학문들과의 연계 및 융합으로 해결될 수 있는 사안이라는 것을 인지하게 되었다는 사실과 그로 인해 이후 융합적 전개가 활성화되기 시작하였다는 점이 중요한 시사점이라고 볼 수 있다.

최소주의는 생성문법의 역사에서 가장 최근에 제시된 언어분석의 틀이다. Chomsky(1995)에서 공식적으로 시작된 최소주의의 핵심은 앞에서 언급한 언어기능(FL)이 병합(Merge)와 일치(Agree)라는 두 운용 장치에 의해 작동된다는 것을 기본으로 한다. 이와 같은 최소주의는 경제성 원리(economy principle)을 준수해야하는데 이를 위해서는 반복의 전형적인 운용이 병합을 통해 문장의 구조가 확대된다는 것이다. 예를 들어, 어떠한 통사체 A는 구조의 최상단인 또 다른 통사체 B를 목표로 하여 가장자리로 병합한다는 내용이다.

결국 병합은 통사체를 모두 병합시켜 최종적으로 문장으로 확대 완성하게 되는 기본 운용이라는 것이다. 그러나 문제는 이러한 병합의 결과는 언제나 구조의 확대라는 결과를 야기하게 되는데 병합이 되더라도 구조가 확대되지 않는 경우가 아니라면 이를 소위 확대 조건(extention condition)의 위반으로 간주할 수 있다.

(23) a. Which picture of Bill that John likes did he buy?
    b. [which picture of Bill [that John likes]] did he buy
       [which picture of Bill]

(23b)에서 명사구 Bill은 대명사 he와 동일지칭을 이룰 수 없는데 그 이유는 대명사가 가장 깊이 내재되어 있는 DP 복사체 Bill을 성분 통어할 수 없기 때문이고 반면에 'John'은 대명사와 동일 지칭이 가능한데 그 이유는 관계절의 늦은 병합(late Merge)으로 대명사가 DP를 성분 통어하는 가능성을 배제할 수 있기 때문이다. Frampton and Gutmann (2002)가 지적하기를, 비순환적 운용은 정보처리를 어렵게 하는 결과를 초래하는데 그 이유는 그러한 운용으로 도출이

아마 형성된 구조로 회귀하거나 재운용하게 되기 때문이다. 비록 Chomsky (2001)에서 집합 병합(Set Merge)과 쌍 병합(Pair Merge)은 모두 순환적임에도 최소주의의 운용을 이론 내적으로 복잡하게 만들고 있는데 그 이유는 부가-병합(adjunct-Merge)은 부가 운용의 결과체에 추후 적용되는 소위 Simp이라는 운용을 통해 집합 병합으로 변환될 때까지는 구조적으로 비가시적이라는 것이다.

연산 체제는 통사체를 각 단계별로 구축하고 배번집합의 부분 집합들은 계층적 대상으로 구성되고 해석을 위한 하위 체계로의 접합부로 전달된다. 도출이라는 개념에서 이러한 절차는 효과적인 연산 작용에 있어서 어느 정도 부합하는 과정이라고 본다. 일단 어떠한 구조체가 접합부로 전달되면, 연산 체계는 그 내용을 기억하지 않게 되고, 활동성 기억을 최소하 하게 된다. 그러나 국부(phase)의 하위 집합에는 여전히 추후의 연산 작용에 유용한 경우가 나타나게 되는데 이러한 경우는 국부의 머리어와 가장자리로 국한하는 것으로 규정한다.

유럽어 들 중에서 quirky 주어와 주격 목적어(Taraldsen 1995; Sigurðsson 1996)들은 T의 탐색을 허용한다는 증거들이 있는데, 이 것은 PIC는 vP 국부의 전이를 TP 투사가 완료될 때까지 연기되는 것으로 수정제안 한다. Chomsky(2005)의 자질 이전(inheritance)에 의해, T의 자질들이 머리어의 고유 자질이 아니고 C자질의 일부이고 이전의 방식으로 전달된다. C의 병합으로 vP 국부가 전달(transfer)되고 C의 탐색 자질이 T로 전달된다. vP 전달 이후, v와 그 가장자리(edge)만 T에 대하여 추후 운용에 가능한 상태가 된다. T로

부터 비해석성 일치자질에 값을 주고 격을 받게 되는 VP 내부 DPs
들이 TP로의 내부 병합을 하게 된다. 이것은 자질 이전에 의한 확대
조건의 또 다른 위반의 경우가 되는 셈이다.

　도출은 협의의 통사적 조건들로 조작되는데 그 과중에는 최소한
의 운용이 선택되어야 한다. 내부 병합은 국부의 가장자리(edges)에
특정 어휘가 다수 발현될 수 있는데, 이것은 장거리 의존성에 있어
서 연속성(connectivity) 효과를 가져다준다. PF 접합부에서의 경제
성은 도출의 마지막 단계에서 복사본(copy)의 음성적 효과를 확보할
수 있게 한다.

　어떤 언어들에는 처음이나 마지막 복사본뿐만 아니라 중간의 복
사분들이 음성적으로 실현되는 경우들이 있는데 이것은 최소주의에
서 주창한 최적의 경제적 운용에 위반하는 경우들이다.

(24) a. Wen glaubt Du, wen sie getroffen hat? (German)
　　　who believe you who she met has
　　　'Who do you think she has met?'
　　b. Wêr tinke jo wêr't Jan wennet? (Frisian)
　　　where think you where-that Jan resides
　　　'Where do you think where-that Jan resides?'
　　c. Waarvoor dink julle waarvoor werk ons? (Afrikaans)
　　　what think you what looking for
　　　'What do you think we are looking for?'
　　d. Kas o Demiri mislenola kas Arifa dikhla? (Romani)
　　　who does Demiri think who Arifa saw
　　　'Who does Demir think Arifa saw?' (Radford 1999)

(24)에서 동일한 wh-어휘들 'wen,' 'wêr,' 'waarvoor,' 그리고 'kan' 이 문장의 첫 자리에서뿐만 아니라 중간 자리에서도 음성적으로 실현되는데 이것은 최소주의의 핵심인 최소 연산(minimal computation)보다 오히려 쉬운 처리(easy processing) 이 선호된다는 파격적 증거에 해당한다.

영어에서도 유사한 증거들이 발견되는데, 특히 아동영어에서 wh-의문사가 원거리 의문사 형식에서 중간 복사본이 삭제되지 않고 남아서 발화되는 경우들이다.

(25) a. What do you think what Cookie Monster eats?
    b. Who do you think who the cat chased?
    c. How do you think how Superman fixed the car?
                                    (Radford 1999)

위의 예에서 모두 중간 과정의 의문사 'what,' 'who,' 그리고 'how' 가 성인 영어에서는 사라졌어야 하지만 아동들에게는 남아서 발화되는 현상인데 이것을 소위 who-복제 (wh duplication)이라고 한다.

이와 유사한 증거가 또한 발견되는데 다음의 아동영어 예문(26)에서 조동사 'didn't'의 'did'가 유지되는 경우와 Belfast 영어 (27)에서 역시 조동사 'did'가 유지되는 경우를 들 수 있다.

(26) Why did the farmer didn't brush his dog? (Radford 2004)
(27) What did Mary claim did they steal? (Belfast English)

성인 영어에서 발견되는 유사한 경우는 소위 회생 대명사 (resumptive pronoun)을 들 수 있다.

(28) It's a world record which many of us thought which wasn't on the books at all.
(29) He is someone who I don't know anyone that likes him.

(Radford 1999)

위 예문 (28)과 (29)에서 'which'가 유지되는 경우와 관계사 'who'에 대하여 'him'이 문장 뒤에서 유지되는 경우들이다. 혹자들은 이러한 증거가 아동영어에서 나타나는 'wh'-복제 혹은 조동사 복제와 같은 이유로 보는데, 그것은 결국 통사적 운용의 경제성이나 효율성 보다는 문장의 정보처리에서 보다 쉬운 방법이 선호되기 때문이라는 것이다. 이러한 '쉬운 처리(easy processing)과'단순 운용(simple computation) '의 문제는 본 저서에서는 다루지 않겠지만 언어에 대한 태도에서 추후 논의할 가치가 있는 것이다.

실어증 환자에 대한 연구에서 어순이 중요한 대상이 되어 왔다. 해당 언어의 기본 어순과 변형 어순 간의 해독력 차이를 보고자 실시되는 다양한 실험에서 대체로 실어증 및 언어 장애자들은 변형 어순의 경우 정확한 해독에 어려움을 보이고 있다(Grodzinsky 2000; Bates et al. 1987).

이러한 연구와 실험의 결과에 따르면, 실어증 및 언어 장애인들이 겪는 어려움은 단순한 활성기억의 회생력 감퇴나 처리 속도의 감소에만 국한하지 않고 언어 정보 처리과정에서의 다양한 통사적 및 의미적 처리에서의 구체적 결함을 확인하고 있다. 언어 이론 체계에서 언어 장애에 대한 설명은 뇌세포 간의 네트워크 손상으로 보기 보다는 환자의 수행이 일종의 구획별로 정의내릴 수 있는 것으로 간주하여 왔다. 그러나 언어 장애인들은 획일적인 방식으로 그 정도를 나눌 수가 없다. 신경망 모델 방식은 장애의 심각성이 점차 심해질수록 뚜렷한 장애의 정도 또한 심화된다. 이러한 증상의 이유는 문장이란 여러 조합적 해독을 가지는 계층적 구조이기 때문이다.

문법성과 수용성의 문제는 특히 구어체에서 두드러진다. 특정 언어 현상들의 설명을 위한 언어 이론이 필요 이하로 덜 생성되는 경우는 더 생성되는 경우 만큼이라 심각한 문제가 된다. 언어 자료만으로는 언어 이론을 정교하게 형식화 하는데 필요한 기초가 되기에는 부족하다. 그것은 적어도 언어 정보 처리와 일반 인지 제약이 언어 이론이 정상이라고 허용하지만 여전히 수용 불가능한 어순의 표현을 판정하는데 중요한 역할을 하기 때문이다.

(30) The mouse the cat the dog chased chased ran away.

문법성(grammaticality)과 수용성(acceptability)은 문법적으로 옳지 않지만 수용가능하다는 어순들을 가려낼 수 있는 계기가 된다.

(31) a. What does himselfi want for hisi supper?
    b. This is the house that I don't know its name.

(31a)는 수용가능 한 것으로 해석되는데 이러한 가능성은 'himself'

가 재귀대명사가 아니라 결속이론에 해당하지 않는 강조(emphatic) 표현으로 간주할 때만 가능하다. (31b)에서 Ross(1967)와 Shlonsky (1992)는 대명사가 해독 가능한 경우는 이것이 소유의 위치에서 부적절한 흔적을 표층에 남기지 않을 때문 가능하다고 주장한다.

비문법적이지만 수용가능하다는 입장은 문법측면에서 문제가 된다. 그 이유는 이러한 비문법적 표현들이 어떻게 수용가능한지를 문법틀에서 설명해줄 수 있어야 하기 때문이다. 어떠한 표현이 문법적인지 비문법적이지만 수용가능한지를 판정하는데 있어서 결정적 진단은 언어 지식이 과연 무엇으로 구성되는지에 대한 명확한 판단을 내리는 것이 선행되어야 할 것으로 보인다. Cann et al. (2005)은 문법 이론들이 언어 이론에서 실질적 문제들을 야기 할만한 표현들을 배제하는 경우와 더불어 그 언어 화자들이 일상에서 전혀 사용하지 않는 문장들도 허용하는 경우들이 있다고 지적한다.

최소주의는 언어의 구성인 일련들의 표현들을 창출하고 반면에 그 언어에서 표현되지 않는 경우들은 창출하지 않는 방식으로 구성되어야 한다. 만약 어떤 일련의 표현이 해당 언어에 나타나지 않는 표현이라면 그러한 표현은 어떤 경우에도 표출되어서는 안되며 표출된다 하더라도 청자에게 정확한 해독이 이루어지지 않게 될 것이다. 문법성과 수용성은 다소 모호한데, Pullum and Scholz(2001)은 문법을 다시 느슨하게 정의하여 화용론적 원리들이 문법적으로 가름할 수 있는 경우와 화자들에 의해 수용가능한 것 사이에 뚜렷한 구별을 내릴 수 있는 것을 제안할 것을 발의한다. 이러한 접근은 언어 지식과 언어 사용간의 보다 구체적인 구별의 필요성을 대변하고 있다.

중국어화자들은 목적격 관계절을 주격관계절보다 해독에서 더 수월하다고 주장된다. (32)에서 (a)는 주격 관계절로서 내포절의 주어 자리 '__'가 그 선행사 'guanyan (official)'까지의 거리가 (b)의 목적격 관계절의 거리보다 멀기 때문에 해독의 어려움이 있을 것으로 간주한다.

(32) a. [__ yaochang fuhao] de guanyan
          invite tycoon RC official
          'the official who invited the tycoon'
     b. [fuhao [yaochang __]] de guanyan
          'the official who the tycoon invited'

한국어의 경우에는 주격 관계절이 오히려 더 수월한 해독이 가능한 것으로 알려져 있다.

(33) a. [__ [남자를 좋아해]]-는 여자
          'the woman who likes the man'
     b. [남자가 [__ 좋아해]]-는 여자
          'the woman who the man likes'

그 이유는 기본 어순이 영어와 같은 중국어와 달리 한국어의 경우에 목적격 관계절의 빈자리가 선행사와 거리가 주격 관계절보다 더 멀기 때문이라고 보는 것이다. Kim(2008)은 과연 L1 중국어 화자가 L2 한국어 관계절 습득에서 어떠한 현상을 보이는지를 보기위한 실험을 실시하였다. 그 결과는 중국어 화자들은 자국의 언어에서와 달리 L2 한국어 습득에서는 한국어 화자들과 같은 방식으로 해독을 한다는 것을 발견했다. 즉 L1 중국어화자들이 L2 한국어화자들과 같이 주격 관계절의 습득이 더 쉽게 나타났다는 것이다.

언어 정보 처리라는 측면에서 통사적으로 더 복잡한 경우는 덜 복잡한 경우보다 처리 속도가 느리다는 것이 일반적 견해이다. 해독 시간을 측정하는 실험에서 Park(2008)은 세 종류의 통사적 복잡성이 다른 경우들에 대한 해독속도를 비교하는 실험을 실시하였다.

(34) a. 철수가 물약을 먹고, 잠시 후 영희가 알약을 먹었다.
  b. 철수가 물약을 먹고, 잠시 후 영희도 그랬다.
  c. 물약을 철수가 먹고, 잠시 후 알약을 영희가 먹었다.
  d. 물약을 철수가 먹고, 잠시 후 영희도 그랬다.

그 결과가 (34)에 나타나는데, 흥미롭게도 통사적 복잡성이 해독 시간과 일치하지 않는다. 즉, (34d)가 뒤섞이와 생략의 통사적으로 가장 복잡한 표현임에도 그 실시간 해독 시간은 (35)의 도표에서처럼 생략만이 포함된 통사적으로 오히려 단순한 표현에 비해 시간이 더 빠르다는 결과는 보이고 있다.

(35)

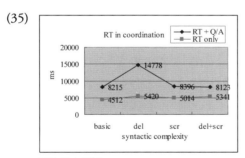

(출처: Park 2008)

이러한 실험의 결과가 보여주는 사실은 통사적 복잡성이 해독과 언제나 일치하지 않는다는 사실과 더불어 어순변화가 통사적으로 더 복잡하게 만드는 운용으로 간주하고 있지만 실제로 해독에서는 더 간단하고 빠르게 하는 영향이 있다는 사실이다.

Smith(2004)은 화용론적 측면에서 경제성의 개념을 점검하였다.

(36) a. Chomsky has changed the way we think of ourselves. After all he's a genius.
　　 b. Chomsky has changed the way we think of ourselves. So he's a genius. (Smith 2004)

(36a)에서 'Chomsky is a genius'라는 사실은 청자가 이미 알고 있는 정보이거나 청자와 화자가 공유하는 정보에 해당한다. 그러나 (36b)는 'Chomsky is a genius'는 새 정보이고 이전 발화에 전적으로 의존하는 내용이다. 'after all'과 'so'의 선택은 청자로 하여금 문장의 해독을 더 쉽게 혹은 더 어렵게 할 수 있는 중요한 요소가 된다는 사실을 밝혔다.

인간을 동물과 구별 짓는 많은 변인들 중에서 언어라는 상징적 표현은 여러 측면에서 가중 중요한 요인으로 간주되어 왔다. 그러나 과연 언어의 원천적 기능이 무엇인가라는 질문에 대하여 뚜렷한 답을 내지 못하고 있는 것 또한 현실이다. 적어도 확실한 한 가지는 언어는 과거에도 현재에서 일상의 장치이고 이 장치로 다른 구성원들과 의사 소통을 원만히 하게 해주는 도구라는 사실이다. 언어는 따라서 유아들과 그 부모 더 나아가 사냥군, 전사, 가족 구성원들 사이

의사 소통을 하게 해주는 도구로 발전되었다는 사실이다.

발화는 수도 없는 뇌의 영력, 신경조직, 지각, 행위, 근육활동 등 간의 복잡한 연계로 이루어지는 산물이다. 그러나 우리가 이해하고 있는 사실과 내용은 그 중요성과 활용성에 비해 너무 미비하며 이러한 것을 밝히기 위해서는 인간의 탄생, 언어의 출현에서부터 복합적이고 융합적으로 접근해야할 것으로 보인다. 진화적 측면에서 적응이라는 능력이 중요한 잣대가 될 수 있다. 그러나 언어는 모든 인간에게 적용될 만큼 너무 일반화된 능력이고 따라서 단순한 진화적 기능과는 다른 전개를 했을 수 있다. 시, 정원길 구조 그리고 다른 추상적 결과들은 의사 소통의 필요성이나 생존이라는 목적으로 언어가 탄생했다고 보기엔 충분하지 못한 것이 사실이다.

결론은 언어에 대한 연구는 하나의 영역에서의 탐구로만 해결되기는 어렵다는 사실이다. 따라서 최근의 연구방향은 언어학과 관련되는 다른 영역과의 연계로 접근하는 것이 추진되고 있다. 이러한 언어에 대한 융합적 접근은 해당 과제에 있어서 근본적 문제에 집중할 뿐만 아니라 다른 문제들에도 논의하고 있는데 그럼으로 해서 오래된 문제들까지도 해결할 수 있는 계기가 될 수도 있다. 본 저서에서는 이러한 두 접근을 상호비교하고 Hauser et al.(2002)에서 제시한 대로 협의의 언어 기능이 출현하였다 하더라도 이러한 기능은 인간의 진화 과정에서 또한 나름대로 진화를 겪었을 것으로 보인다. 따라서 이러한 협의의 언어 기능 또한 광의의 언어 기능과 같이 일생에서 혹은 인간의 진화에서 매개 변항에 맞는 진화를 겪었을 것으로 본다.

제 3 장

언어와 태(voice)

3.1. 수동태 유형

수동태에 대한 통사적 분석은 다음의 구조적 기술(structural description: SD)로 제시되어 왔다.

(1) X Y Z --> 3 be 2-ed by X
    1 2 3

(1)에서 X는 대체로 능동의 주어가 되고 Z는 능동의 목적어 그리고 Y는 Z를 취할 수 있는 타동사 유형이 된다. 한편 수동태로의 전환은 어순에서 큰 변화를 야기하게 되는데, 그 중에서 능동의 주어 X가 그 자리에서 이탈하여 전치사구 속의 형식으로 표현되고, 반면에 능동의 목적어 Y가 능동의 주어 자리로 상승되어 대부분 문두에 나타나게 된다. 이와 더불어 타동서 Y는 수동의 특별한 형태소를 접미사 형식으로 부가된다.

이러한 표면적 변화는 의미에서도 큰 차이를 유발하게 되는데 이를 주어, 즉 행위자의 약화(demotion)과 목적어, 즉 피동자의 강화 (promotion) 현상이다. 수동과 능동태가 언어에 대한 연구에서 많이 논의되는 이유는 태가 다른 통사 현상과의 호환성이 높기 때문이다. 즉, 언어의 보편성을 판단하는 과제에 있어서 수동태의 존재와 유형 및 변이 들이 측정의 기준이 될 수 있다는 생각 때문이다.

Prasithrathsint(2003)은 타이어의 수동태를 분석함에 있어 Givon (1979), Siewierska(1984), 및 Keenan(1990)의 분류를 근거로 20유형 의 수동태 유형을 제시하고 유형별로 분석하였다. 그 유형은 다음과 같다.

(2) a. 수동(passive)과 능격(ergative)
   b. 순 수동(true passive)과 유사 수동(pseudo passive)
   c. 직접 수동(direct passive)과 간접 수동(indirect passive)
   d. 통사 수동(sentential passive)과 어휘 수동(lexical passive)
   e. 인칭 수동(personal passive)과 비인칭 수동(impersonal passive)
   f. 일반 수동(plain passive)과 재귀 수동(reflexive passive)
   g. 중립 수동(neutral passive)과 고난/우호 수동(adversative/favorable passive)
   h. 기본 수동(basic passive)과 탈-기본 수동(non-basic passive)
   I. 합성 수동(synthetic passive)과 완곡 수동(periphrastic passive)
   j. 피동 주어 수동(passive with patient subject)과 비 피동 수동(passive with non-patient subject)

(Prasithrathsint 2003)

Keenan(1990)은 일찍이 언어 유형론적으로 수동태를 언어보편성 의 논의에서 크게 두 종류, 즉 기본 수동태와 비-기본 수동태로 나누고, 기본 수동태를 다음의 세 가지 특징이 있다고 정의 내린다.

(3) a. 행위자가 없다.
    b. 수동 동사는 타동사이다.
    c. 수동 동사는 행위 동사이다.

이러한 특징을 기준으로 언어별 수동태에 대한 일반화를 다음으로 규정한다.

(4) 수동태가 없는 언어가 존재한다(G-1).
(5) a. 만일 수동태가 있다면, 기본 수동태로 간주될 수 있거나 기본 수동태이다.
    b. 만일 수동태가 행위자를 보유하면, 행위자가 없는 수동태도 가능하다.
    c. 만일 상태 동사로 수동태가 되면, 행위 동사로도 수동태가 가능하다.
    d. 만일 자동사로 수동태가 되면, 타동사로도 수동태가 가능하다.
(6) 기본 수동태가 있는 언어들은 하나 이상의 구별되는 수동형이 가능하다.
(7) 만일 수동태가 있다면, 완료 의미로 사용될 수 유형도 가능하다.
(8) 만일 둘 이상의 기본 수동태가 있다면, 행위자성을 기준으로 구별될 수도 있다.
(9) 수동의 주어는 능동의 목적어로 나타날 때보다 그 피영향성(affectedness)이 절대 덜 하다고 볼 수 없다.
(10) 수동태의 구별은 그 주어의 피영향성의 정도와 영향의 긍정 혹은 부정적 측면에 따라 달라질 수 있다.
(11) 절목적어를 취하는 타동사가 수동태로 되면, 명사구를 취하는 타동사도 수동태가 된다.
(12) 기본 수동태를 보이면, 'give'와 'show' 등의 경우도 수동태가 되어 도출 주어는 행위 동사의 피동자가 된다. 수혜자가 주어가 되는 수동태는 있을 수도 없을 수도 있다.

(Prasithrathsint 2003)

많은 수동태의 연구에서 이와 같은 언어별 분류와 대조적 분석을 하는 이유는 생성문법에서 주장하는 언어의 보편성(Language Universals)에 대한 지지와 근거를 위한 노력이라고 볼 수 있다.

영어와 같은 언어를 중심으로 분석되고 정의되어온 수동태가 연구 대상을 확대함으로써 영어와 같지 않은 언어적 특성들이 많이 제시되고 그럼으로 언어의 보편성의 반례로 제시되기도 하였다. 그러나 수동태의 연구가 언어 보편성의 증거로 제기된 근거는 수동태의 통사적 분류에서부터 탈피하여 음성적 및 의미적 특성으로 연구가 확대되면서 이다. 즉, 주어와 목적어의 이동과 동사의 수동접사 부가뿐만 아니라 이러한 현상이 발생하지 않는다 하더라도 그 해석상 수동의 의미가 가능한 경우들을 포함하려는 노력이 있어 왔다. 이처럼 수동태를 통사적 특성에서 의미적 특성으로 확대되면서 이전에 수동태가 없다는 것으로 분류되던 언어들도 유사 수동태를 가지게 있는 것으로 전개되면서 위와 같은 아주 다양한 수동태가 언어에게 존재하게 된 것이다.

그러나 과연, 수동태라고 할 때 제한했던 통사적 특성을 유지하면서도 언어의 보편성을 유지하기 위해서는 추가적이고 구체적인 연구가 더 필요한 것이 사실이다. 본 저서에서는 다양한 언어들에 나타나는 수동태의 예들을 제시하면서 기존의 분류방식으로 분석하고 이에 따른 언어보편성을 재점검하고자 한다. '언어의 보편성'에 대한 정당화를 추구하는 연구 영역들 사이에 이견들이 있는데 그 이유는 지구상 존재하는 모든 언어를 점검할 수 없기 때문이다. 특정 언어를 점검하고 보편성에 반하는 예외를 발견할 수도 있고, 대부분의 보편성은 어휘적 특징에 의존하면서 대략적이고 통계적 보편성에 의존한다.

언어의 보편성과 다양성은 결코 정당화 될 수 없어 보이는데 그 이유는 '보편적'이라는 개념은 절대적 보편성에 따르기 때문이다. 따라서 어떠한 하나의 예외라고 하더라도 존재한다면 그것은 결코 보편적 특성이라고 볼 수가 없다. 그러나 실제로 언어에서 다각적 측면에서 다른 양상들을 발견하는 것은 어렵지 않다. 음성, 문법, 어휘, 그리고 의미와 구조적 측면에서 언어별 차이가 쉽게 발견된다. 그러나 흥미로운 사실은 다양성 만큼이나 아니면 훨씬 더 보편성이 있다는 사실이 검증된다는 것이다.

이러한 현상에 대하여 크게 두가지 접근이 있어왔다. 하나는 '절대적 보편성'을 '통계적 보편성'으로 완화하고 일반적 추세 혹은 빈도의 수치로서 일반화를 정의내리는 것이다. 코퍼스 분석이나 심리언어학적 실험들은 이러한 통계적 보편성을 따른다. 이러한 기저에는 언어 표현이란 그 시스템에 내재되어 있는 bias를 거부하고 대신 화자들이 언어 활동을 하면서 알게되는 해당 언어의 통계적 정보가 중요한 역할을 하게 된다는 주장을 편다(Trueswell et al. 1993; Seidenberg 1994, Garnsey et al. 1997, MacDonald and Christiansen 2002).

다른 접근으로는 절대적 보편성을 유지하면서 최근 언어 이론이 제시하는 소위 원리와 매개 변항(principles and parameters theory: P & P Theory)를 따르는 것이다. 보편 문법(Universal Grammar: UG)

의 개념을 토대로 언어에는 매개 변항의 종류에는 제한이 없고 따라서 예외로 보이는 상황들도 이러한 매개 변항을 잘 활용하게 되면 더 이상 예외가 아니라 또 다른 매개 변항의 종류로 간주할 수 있게 되고 결국 예외는 더 이상 예외가 아닌 것으로 판명된다. 이러한 접근을 따르는 학자들은 다양한 및 가능한 매개 변항을 추구하고 찾아서 예외를 원리 매개 변항 테두리에서 설명하는 것이다.

수동태가 이러한 접근에서 논의되어 왔는데, 영어과 같은 통사적 수동태만을 전형적인 수동태로 간주하는 것에서부터 탈피하여 다른 여러 유형의 수동형도 유사수동태로 분류하고 이를 수동태로 간주함으로서 수동태가 없는 언어로 규정되던 언어들도 이제는 유사수동태를 가지는, 매개 변항으로 인해 다른 형식의 수동태를 가지는 언어로 규정함으로써 수동태의 존재 유무로 언어가 구별되는 방식에서 이제는 그러한 언어들도 모두 수동태를 가지는 언어로 포함되고 다만 수동태 구성에 적용이 되는 매개 변항의 차이가 있을 뿐이다 (Haspelmath 2010).

Chandra and Sahoo(2010)는 언어 사이의 문형 특정성(construction particularism)에 대한 견해를 거부하고, 이전까지는 수동태에서도 주어와 목적어가 그 본유의 특징을 그대로 유지한다고 알려진 남아시아의 세 언어에서의 수동태에 나타나는 '심층에서의 유사성'을 추구하는 입장을 유지한다. Mahajan(1994)은 그러나 Hindi 수동태는 Shibatani(1985)에서 정의하는 바와 같은 보편적 수동태의 특징인 능동의 주어를 약화시키고 능동의 목적어를 강화시키는 유형을 따르지 않는다고 주장한다.

본 저서에서는 지역의 언어들이 어떠한 수동태 형식을 취하고 있는지, 그 형식의 특징은 무엇인지? 그 특징을 근거로 언어는 어떤 유형으로 분류될 수 있는지를 살펴보고자 한다. 이 과정에 논의되는 언어는, 영어를 비롯하여, 베트남어, 타이어, 미얀마어, 일어, 중국어, 한국어, 서반아어, 러시아어, 지역의 크레올, 독일어, 반투어, 노르웨이어, 우크라이나, 라트비아 등을 다룬다.

영어의 통사적 수동태의 기본 형식은 능동 주어가 전치사구 속에 위치하고(약화) 반면에 능동의 목적어가 수동의 주어 자리로 재배치한다는 것(강화)이고 동사 또한 수동 접사가 부가된다.

(13) a. John kicked the ball.
    b. The ball was kicked by John.

(13)에서 능동 주어 'John'이 전치사구 내부로 약화되어 나타나고, 능동의 목적어 'the ball'이 문장의 첫 자리로 이동하면서 동사 'kick'은 수동 접미사 '-ed'에 부가된다(13b).

유사한 예들이 German(14), Norweigian(15), 그리고 Ukranian(16) 등에서도 나타난다.

(14) Der lower wurde von ihm gototet.
    the lion became by him killedt
    'The lion was killed by him.'
(15) Billettene fas av publikum i luken
    tickets gets by audience in window

'The tickets are got by the audience in the window.'

(16) C'a domashn'a robota bula napysana neju
this home work was write by her
'This homework was done by her.'

(Chandra and Sahoo 2013)

이러한 언어에서 능동의 목적어가 동사의 보어 자리에서부터 수
동의 주어 자리로 이동하여 그 의미가 강화(promoted)되고, 반면에
능동의 주어는 전치사 속에 나타나며 상대적으로 의미가 약화
(demoted)되는 현상을 보인다.

수동태에서 능동의 주어는 전치사 내부에 위치하거나 아래의 예
에서 보듯이 문장에서 아주 삭제되는 경우도 가능하다.

(17) Es tieku macits
I am taught
'I am taught.'
(18) a. I nbes niwi
she huks coconut
'She husted the coconut.'
b. niwi tabhes do
coconut husk is
'The coconut has been husked.'

(Keenan and Dryer 2006)

Latvian(17)와 Taba(18)의 예들은 능동의 목적어가 수동의 주어자
리에 나타나고 동사는 수동화가 되는 반면에, 능동의 주어는 문장에
서 완전히 삭제됨을 보인다.

위의 예와는 다르게 Thai는 수동 형태소 'thùuk-'가 동사의 접두사 형식으로 나타난다(19).

(19) còmǎ.ay thùuk-sòn pay lέεw
     letter pass-send go already
     'The letter was sent/has been sent.'

(Prasithrathsint 2003)

아래의 예문은 Supyire(20), Jamaican 크레올(21), 그리고 Vietnamese (22)들인데, 능동의 목적어가 수동의 주어 자리로 강화되며, 반면에 능동의 주어는 문장에서 나타나지 않고 동사에도 수동 형태소가 첨가되지 않는다.

(20) a. nàŋa à sikàŋi bò
        man perf goat kill
        'The man killed the goat.'
     b. sikàŋi a bò
        goat perf kill
        'The goat has been killed.' (Keenan and Dryer 2006)
(21) a. Di bayz if af di bred.
        the boys ate the bread
        'The boys ate all the bread.'
     b. Di bred if af.
        the bread ate
        'The bread was eaten,' (LaCharité and Wellington 1999)
(22) Nam bi Nga dánh.
     Nam BI Nga hit
     Nam was hit by Nga (and suffered). (Simpson and Ho 2008)

동사의 수동 형태소는 이처럼 특정 언어들에게 선택사항이며 대부분의 동사의 경우 수동태의 형태소 부분이 공형태소로 존재하는 것으로 알려져 있다.

하이티(Haiti) 크레올(11)에서는 능동 목적어 'machin lan (the car)'가 이동하여 수동의 주어자리에 나타나지만, 동사는 수동 형태소의 추가 없이 그대로이다.

(23) a. Yo kraze machin lan
       they demolish car the
       'They have demolished the car.'
    b. Nachin lan kraze.
       car the demolished
       'The car is demolished.' (DeGraff 2003)

(23b)의 수동 해석은 동사 'kraze (demolish) '이 상태적으로 해석되는 경우에만 가능하다. 이것은 능동의 목적어가 수동의 주어자리에 나타나기 때문이다.

여기서 흥미로운 사실은 언어들 중에는 능동의 목적어가 능동태와 수동태에서 모두 같은 자리에 유지된다는 것이다. Kutenai(24)이 그 경우에 해당하는데, 능동 목적어 '?in∓ak (chicken hawk)'이 목적어 자리에 유지되는 반면에 능동태의 주어는 수동태에서 약화된다.

(24) ∓a cinamna∓i∓ni ?in∓ak ?a.ki∓anamis
     back taken chicken hawk tent
     'Chicken Hawk was taken back to the tent.'

                                    (Keenan and Dryer 2006)

유사한 예가 Kiribatese(25)에 나타나는데, 이 언어의 기본 어순은 Verb>Object>Subject (25a) 이다.

(25) a. E kamate-a te naeta te moa
        it kill-it the snake the chicken
        'The chicken killed the snake.'
     b. E kamate-aki te naeta
        it kill-Pass the snake
        'The snake was killed'   (Keenan and Dryer 2006)

수동태(25b)에서, 능동 목적어 'te naeta (the snake)'의 자리는 능동에서와 같다. (25b)의 문장을 수동태로 간주할 수 있는 이유는 따라서 수동태에서 능동목적어의 위치 때문이 아니라 동사에 부가되는 수동 형태소 '*aki*'이 보이기 때문이다.

Ulcha의 예문(26)은 더 나아가 수동 형태소 '-wuri'가 동사 'ta'에 부가되어 있지만 능동의 목적어는 여전히 목적어 격조사 '-we'를 가지고 있고 나타나는 위치 능동에서와 같다.

(26) Ti du:se-we ho:n-da ta-wuri
     that tiger-acc how-Q do-pass
     'What is to be done about that tiger?' (Foley and Van Valin 1984)

Mahajan(1994) 또한 힌디에서 능동의 목적어가 수동태에서도 여전히 목적격 조사 '-ko'를 보유한다는 사실을 제시한다.

(27) raajaa dwaaraa saare shero-ko maar diyaa gayaa

king by all tigers-acc kill-PFV give-PFV go-PFV
'All the tigers were killed by the king.'

(Chandra and Sahoo 2013)

언어들 중에는 이와는 다르게 수동태에서 동사에 수동 형태소가 나타나지 않는 경우들이 있다. 이 경우들 중에는 동사가 주어 이외의 명사와 일치하는 경우들도 있다.

(28) a. Maji ya-meenea nchi
     water ot-cover land
     'The water covers the land.'
  b. Nchi i-meenea maji.
     land it-cover water
     'The land is covered by water.'
(29) a. A-mu-mono
     they-him-saw
     'They saw him.'
  b. Nzua a-mu-mono kwa meme
     John they-him-saw by me
     'John was seen by me.' (Keenan and Dryer 2006, Givon 1972)

예문 (28)은 Swahili의 경우들인데, 여기서 능동의 동사는 수동의 동사와 동일하지만 일치하는 대상이 다른 종류의 명사와 하게 된다 'Maji (water)'와 'Nchi (land).' 이것으로 (28a)와 (28b)를 태(voice)에 있어서 다른 문형으로 간주하는 기준이 된다. Bantu어의 동사(29)은 주어뿐만 아니라 목적어와 일치한다. (28a)의 동사 'see'는 3인칭 복수 명사 'a-'와 3인칭 단수 명사 'mu-'의 일치 정보를 보유하고 있다. 그러나 수동태에서는 동사는 여전히 3인칭 복수 명사 'a-'의 일치정보를 보유하는데 이것은 마치 능동의 직접 목적어에 있을 때와 같은 현상이다. Keenan and Dryer(2006)의 주장은 (29b)만 수동태로 간주될 수 있는데 그 근거는 능동의 목적어가 수동의 주어자리에 나타나고 능동의 주어는 전치사구 내부에 나타나기 때문이다.

지금까지 수동태의 예시들을 명사의 위치, 동사의 수동접미사 부가 그리고 일치정보의 유무에 따라 요약 정리하면 다음과 같다.

(30)

types	subject>PP/Ø	object>subject	verbal affix/agreement
I	O	O	O
II	O	O	X
III	O	X	O
IV	O	X	X

(30)에서 알 수 있는 것은 수동태에서 능동의 목적어와 수동 형태소의 출현은 의무 사항이 아니라는 것이다. 따라서 능동의 목적어는 수동태에서 주어자리에 나타날 수도 목적어 자리에 그대로 나타날 수도 있고, 동사 또한 수동태에서 수동 형태소가 부가 되는 경우도 그렇지 않은 경우도 있다. 능동 목적어와 동사의 이와 같은 선택여부에 무관하게 능동 주어는 획일적으로 약화되는데 따라서 수동태에서 전치사 내부에 나타나거나 문장에서 완전히 삭제되는 경우가 발생한다.

이러한 사실은 능동의 목적어와 동사의 형태소 부가는 통사적 수동태를 규정하는데 필수적인 사항이 아니라는 것을 보여준다. 반면에, 수동태의 가장 중요한 특징은 능동의 주어가 약화되는 현상이다.

이것은 Keenan and Dryer(2006), Shibatani(1989), Yeon(2011) 등의 주장과 일치하며, 결국 능동의 주어가 언어에서 수동태를 규정하는 게 중요한 역할을 하는 것으로 볼 수 있겠다.

3.2. 유사/기타 수동태

영어를 중심으로 분석되던 수동태의 형식과 다른 유형의 수동태가 제시되었다. 그 시작은 수동태의 형식적 정의를 어떻게 설정하느냐에 달려있다. 영어에서처럼 능동의 주어와 목적어가 수동에서 자리가 바뀌고 동사의 수동 형태소가 부가되는 식의 전형적이고 기본적 수동태 형식이 언어 보편적이지 않기 때문에 수동태와 유사한 의미를 보이는 관련 문형을 점검할 필요가 있었다.

앞에서 언급하였듯이 수동태의 최소한의 정의를 동작주(행위자)의 약화를 기준으로 한다면 영어와 같은 통사적 수동태가 아니라 하더라도 유사한 의미를 부여하는 형식들이 많이 발견된다. 그 중에서 많이 논의된 것이 비인칭 수동태이다.

(31) Ganvu li et ha-mexonit.
     stole(3pl) to.me DO the-car
     'They stole my car (My car was stolen).'

(Keenan and Dryer 2006)

(32) Er wordt door de jongens gefloten.
     there become by the boys whistled
     'There is whistling by the boys.'   (Prasithrathsint 2003)

(31)은 Hebrew의 예인데 주어의 3인칭 복수 'Ganvu (they)'는 특정인을 지칭하는 의미를 가지고 있지 않다. (32)은 Dutch의 예로서 역시 주어 자리의 'Er (there)'는 특정인을 지칭하지 않기 때문에 해석에 있듯이 'there'로 표기되어 있다.

이러한 예들을 수동태의 종류로 간주하는 데에는 앞에서 언급하였듯이 능동 목적어의 주어로의 강화 때문이 아니라-수동태에서도 그 자리는 바뀌지 않는다. 능동의 주어가 문장에서 약화 내지는 삭제되기 때문이다. 이와 관련한 또 다른 유사 수동태의 예가 다음에 제시된다.

(33) Se encontraron dos nuevos cuadros de Frida Kahlo.
　　 Refl found two new paintings by
　　 'Two new paintings by Frida Kahlo were found.' (Keenan and Dryer 2006)
(34) Doma strojat-sja rabočimi
　　 houses build-Refl workers
　　 'Houses are built by workers.' (Keenan and Dryer 2006)
(35) Nel medio evo si bruciavano.
　　 in-the middle age Refl burned
　　 'In the middle ages witches were burned.' (Prasithrathsint 2003)
(36) O Nickos stoto-θike apo tus exθrus.
　　 Nick killed-Refl by the enemy
　　 'Nick was killed by the enemy.' (Siewierska 1984)

(33)은 Spanish, (34)는 Russian, (35)는 Italian, 그리고 (36)은 Greek의 자료들이다. 여기서 모두 재귀사 'se,' 'sja,' 'si,' 및 '-θike'이 포함되어 있고, 상대적으로 능동의 주어는 문장에 나타나지 않는다.

이 경우 역시 동작주(행위자)의 약화에 해당하는 경우로 간주하고 유사 수동태로 분류되고 있다.

또 다른 유사 수동태는 소위 '역경(adversity)의 수동태'로서 역경을 의미하는 어휘가 추가되는 유형이다. 이런 경우에 사용되는 동사들의 뜻은 'suffer, touch, undergo'등이다.

   (37) Khaw doon tii
       (s)he undergo beat
       '(S)he was beaten.'
   (38) no bi danh.
       (s)he undergo beat
       '(S)he was beaten.'
   (39) budak jajat itu kena pukul
       boy naughty the undergo beat
       'The naughty boy was beaten.' (Prasithrathsint 2003)

위의 예문들은 각각 Thai(37), Vietnamese(38), 그리고 Malay(39)이고 모두 'undergo'의 의미의 어휘 'doon,' 'bi,' 및 'kena'를 취하고 있다.

또 다른 유사 수동태로 취급되는 문형에는 능격 수동태 유형과 자동사 능동태가 있다.

   (40) a. Na'e tamate'i'e'Tevita'a Koliate.
        killed erg David abs Coliath
        'David killed Goliath.'

b. Na'e tamate'i'a Koliate.

killed abs Coliath

'Goliath was killed.' (Keenan and Dryer 2006)

Tongan의 예(40)은 전형적인 능격 구문으로 Keenan and Dryer (2006)은 (40b)가 암시적 비인칭 주어의 해석을 가질 수도 있지만 적어도 능동 주어가 삭제된 유사 수동태로 간주하고 있다.

(41) khăw thùùk pay prachum thɛɛn hŭa-nâa lăay khrán

he pass go meeting instead boss several time

'He was been made to attend meetings on behalf of his boss several times.'

(42) khăw doon ɔɔk cáak raatchakaan phrɔ tham khwaam-phìt

he pass leave from public-service because do wrong

'He was made to resign from being a civil servant because he had done wrong.'

(Prasithrathsint 2003)

Prasithrathsint(2003)에 따르면 Thai에서 유사 수동태가 자동사로 부터 도출될 수 있다고 제안한다. 위의 예 (41)와 (42)은 수동 의미의 어휘 'thùùk'과 'doon'으로 인해 수동태로 간주될 수 있는데, 흥미로운 것은 본동사에 해당하는 'pay (go)'와 'ɔɔk (leave)'가 모두 자동사라는 사실이다.

지금까지 살펴본 유사 수동태는 지역 간 언어의 수동 문형에 대한 정의에 따라 유동적인 내용들이다. 다시 말해, 수동태를 Shibatani (1989)에서 제시한 것처럼, 동작주(행위자)의 약화로 규정한다면, 영어과 같은 통사적 혹은 기본적 수동태를 취하지 않는다 하더라도 앞에서 논의한 유형들도 동작주(행위자)가 약화되는 의미를 보유하기 때문에 모두 유사 수동태로 간주할 수 있게 된다. 그러나 Yeon(2011) 등에서처럼 수동태를 동작주(행위자)의 약화뿐만 아니라 동사의 특성 혹은 동사에 대한 수동 접사의 출현이 정의에 포함된다면 위의 예들은 수동태로 간주 될 수 없고, 이것은 결국 언어 보편성의 주제에서 수동태가 보편적이지 않다는 결론을 내려야 할 수도 있다. 이처럼 수동태는 그 규정 및 정의부터 내려지고, 지금까지 유사 수동태라고 간주해온 유형들을 재검증하여 언어별 언어보편성 및 다양성을 재조명할 필요가 있다.

다음으로는 기타 수동태 영역으로 목적어를 다중으로 취하는 소위 다중목적어 구문에서의 수동태 특성을 살펴보고자 한다. 이중목적어 문형에서의 수동태 또한 수동태 연구에서 중요한 영역이 되어왔다. 그 이유는 언어마다 두 개의 목적어의 수동 주어로의 역할 변경이 다르기 때문이다. 어떤 언어에는 첫 목적어가 어떤 언어는 둘째 목적어가 어떤 언어는 두 목적어 모두가 수동의 주어가 될 수 있듯이 다양하기 때문이다. 이러한 수동태의 변이들을 문법 내에서 설명하기 위한 노력이 있어 왔다. 이 과정에는 목적어의 주어로의 강화 과정과 동사의 일치 정보의 출현을 기준으로 논의되었다.

본 저서에서는 이중 목적어 문형에서의 수동태에 대하여 최근의 문법 이론을 따른다. 특히 이동의 필수요건이었던 자질점검(feature checking)이라는 운용(operation)이 폐기되고 그 대신 국부적 경제성 원리(Economy Principle)기 훨씬 엄격하게 적용되어 음성부에서 효과가 없는 작동을 배제함으로서 언어의 소리 효과에 제약을 가하고 연산 작용에 대한 탐색 범위를 줄이고 있다. Chomsky(1998)에 따르면, Attract라는 '유인'은 일치 'Agree'로 대체되었고 이것은 어휘 요소(lexical item: LI)와 임의의 자질 F(featre)를 제한된 영역으로 제한하는 역할을 한다. 자질들은 이동하거나 유인될 수 없고 대신 일치에 의해 탐색자(probe)와 목표(goal)의 비핵성(uninterpretable) 자질이 가능한 조건에서 삭제되고 지워진다.

이중 목적어 구문에서의 수동태 경향을 자세히 살펴보자. 시제(tense: T)의 EPP 자질은 '수반 이동(pied piping)'으로 해소되는데, 이때 수반 이동에 해당하는 어구는 목표자의 비해석성 자질로 결정된다. 다음의 예를 살펴보자(Kirundi, Bantu어).

(43) Kirundi
   a. Abanyêshule ba-á-bonye uwo mwarimu
      students nom-past-foc-see-perf that teacher
      'Students saw that teacher.'
   b. Uwo mwarimu a-á-bonye abanyêshule.
      that teacher nom-past-see-perf students
      'The students saw that teacher.'
   c. Uwo mwarimu a-á-ra-bon-u-ye abanyêshule.
      that teacher nom-past-foc-see-pass-perf by students
      'That teacher was seen by students.'

(Ndayiragije 1999)

(43a)의 기본 SVO 어순에서, 주어는 주격을 보유하고 동사와 일치한다. OVS 어순인 (43b)에서는 전치된 목적어가 주격을 가지고

이것이 동사에 'a-'의 형태소로 표시된다. 수동형인 (43c)에서도 동사에 주격이 표시되는데 이것은 OVS 어순에서와 같다. Chomsky(1998)의 분석에 따르면 T의 EPP 자질은 OVS 문장(42d)의 전치 목적어와 해결되고 수동태 (43c)에서는 공히 비해석성 격 자질을 보유한다.

다음 예를 살펴보자.

(44) Dzamba
i-mukanda i-tom-aki oPoso.
the-letter it-send-past by Poso
'The letter was sent by Poso.'   (Givon 1979)

(45) Kinyarwanda
Igitabo cyi-ra-som-a umuhuùgu.
Book it-pres-read-asp boy
'The book is being read by the boy.'   (Kimenyi 1980)

(46) Kilega
Maku ta-ma-ku-sol-ág-a mutu wéneéné.
6beer neg-6-prog-drink-hab-fv person alone
'Beer is not usually drunk by a person alone.'

(Kinyalolo 1991)

여기서 또한 전치된 목적어는 논리 주어 대신 주어와 일치를 보여진다. Ura(1996)의 제안은 OVS 어순의 언어는 목적어가 가시적으로 주어자리로 이동하여 일치를 하게 되는데 그 과정에 v의 외곽지정어 자리를 거치며 그 과정에 목적격 자질이 점검되는 것으로 본다. 한편, T의 주격 자질은 LF에서 면허된다.

이러한 언어들에는 뚜렷한 격 형태소가 없기 때문에 목적어가 가지는 격이 주격인지 목적격인지 분명하지 않다. 그러나 Ura의 설명은 Chomsky의 해결안과 다른데, 그 차이는 EPP 자질이 해소되는 방식이 목적어가 v의 지정어 자리에서 이미 점검되고 따라서 '수반이동(pied piping)'을 위한 어구를 결정하는데 필요한 비해석성 자질을 가지고 있지 않다는데 있다. 따라서 OVS 어순에서는 Ura의 제안이 적용되지 않은 것으로 보인다. 이러한 문제는 Ndayiragije(1999)으로 해결될 수도 있는데 이는 이러한 언어에서 전치된 목적어가 주격을 가지는 경우에 한정된다(Kirundi 6).

이 문제 해결의 다른 가능성은 목적어가 T의 지정어 자리로 이동하지 않는 것으로 보는 것이다.

(47) Kannada
    a. Krishnanu-indu Ramu-Á ko-pattu-nu.
       -3s-inst ¬nom kill-pass-past
       'Rama was killed by Krishna.'
    b. Rama-nannu kollalayita.
       -acc-3s kill-pass-past
       'Rama was killed.' (Siewierska 1984, Goodall 1993)
(48) Nepali
    a. Tx' kut'-i-is
       you hit-pass-2ps-past
       'You were hit.'
    b. Tx'-lai kut'-I-ic
       You-acc hit-pass-3ps-masc-past
       'It was hit you.' (Bandu 1973, Goodall 1993)

Dravidian 어족의 Kannada어에서, 전치된 목적어의 격은 주격일 수도 목적격일 수도 있는데 그 판단은 동사의 수동 형태소에 달려있다. 마치 수동 형태소 'padu-'는 전치된 목적어의 주격을 요구하지만, 수동 형태소 'agu-'는 목적격을 요구한다.

전치된 목적어의 격의 선택에 대한 설명은 Goodall(1993)에서 찾을 수 있다. 그는 NP 이동은 격만을 위한 현상이 아니라 특정 지정어 자리를 차지하게 되는 어휘 LI에 대한 T의 일치 요구에 따른다는 주장이다. 그는 이러한 차이를 분석함에 있어 (47a)의 경우에서만 주격을 취하는 목적어가 T의 지정어 자리로 이동하게 된다고 한다. 이런 식으로 Napali어의 문장(48a)에서의 동사에 있어서 목적격과 일치가 나타나지 않는 것은 그 목적어가 T의 지정어로 이동하였다는 것을 보여준다. (48b)에서 동사의 목적격과 3인칭 일치가 나타나는 이유는 목적어가 이동하지 않고 목적어 자리에 그대로 머문다는 것을 시사하는 것이다.

Goodall의 설명에 따르면, 목적격을 가지는 목적어는 LF에서 T와 일치를 위해 이동한다. 이러한 설명에는 Ura의 문제와 유사한 문제가 제기된다. 즉, 목적어가 그 목적격을 이미 점검하여 더 이상 비해석성 자질이 없음에도 어떻게 LF에서의 일치를 위해 이동할 수 있느냐 하는 것이다.

다음의 locative inversion의 경우를 살펴보자.

(49) Chichewa
    ku-mu-dzi ku-na-bwér-á a-lendô-wo.

17-3-village 17-past-come-ind 2-visitors-2-those
'To the village came those visitors.'

(Bresnan and Kanerva 1989)

Bresnan and Kanerva(1989)는 Chechewa어의 장소 도치 구문에서 장소 어구가 주어 자리를 차지하게 된다고 주장한다. 일본어의 장소 도치 현상도 Chichewa와 유사한 통사적 자질을 보여준다고 본다.

(50) Japanese
ano yama-ni ookina ki-ga ar-u.
that mountain-on big tree-nom exist-pres
'On that mountain exists a big tree.' (Kuno 1973)

Kuno(1973)와 Tateishi(1991)는 (50)에서 장소 어구는 주어 자리에 있다고 보는데 그 이유는 장소 어구에 부가된 '-ni'가 주격인 '-ga'로 대체될 수 있다고 주장한다.

(51) ano yama-ga ookina ki-ga ar-u.
that mountain-nom big tree-nom exist-pres
'On that mountain exists a big tree.' (Tateishi 1991)

여기서 또한 장소 어구 'ano yama-ni (on that mountain)'가 T의 지정어 자리에 병합되는 것이 보장되지 않는 다는 것인데 그 이유로 장소어구 PP가 비해석성 격 자질을 가지고 있지 않기 때문이라는 것이다. 결론적으로 특정 어구 P(hrase)의 병합은 T의 탐색에 대한 목표에 의해서만 굳이 결정될 필요가 없다는 것이다. EPP-자질은 병합 이후 탈락되지만 병합은 일치와는 별도로 적용될 수 있기 때문이다.

최근의 언어 이론에서, 구조 격(structural Case)는 비해석성 자질로 간주하고 따라서 도출과정에서 삭제되어야 한다. 한편, 고유격(inherent Case)은 언어 능력에서 별도의 영역에 해당하고 따라서 탐색의 영역을 활성화 하지는 않는 것으로 가정된다.

다음의 예들을 살펴보자.

(52) a. Bokin var gefin okkur.
      Book-the (nom) was (3p) given us (dat)
   b. Okkur var gefun bokin.
      Us (dat) was(3p) given book-the (nom)
      'We were given books.'

Icelandic의 이중목적어 구문은 간적 목적어뿐만 아니라 직접목적어도 수동화에 참여할 수 있다. Frompton(1995)의 제안은 (52a)에서 직접 목적어 'bokin (books)'가 주어자리로 이동하고 phi-자질은 T와 일치한다. (52b)에서는 그러나 간접 목적어 'Okkur (us)'가 이동하여 주격 목적어와 T가 일치하게 된다고 본다.

Chomsky(1998)는 Sigurdson(1996)을 따라 대격 quirky 고유격은 추가적인 구조격을 가지게 되고 이로 인해 일치를 활성화하게 된다고 본다. 'Okkur (us)'은 따라서 [Spec, T]로 병합하고 그 곳에서 이동성을 상실하고 구조격을 삭제 받는다. 만약 대격 quirky 주어가 구조격을 추가로 가지면 일치 점검은 대격 주어와 T사이에 일어나고 이동의 정의가 부분적으로 만족된다. 아이슬랜드의 예에서는 자질 점검이 일어나지 않는다.

Georgian에서 이러한 일치가 일어난다고 알려져 있다.

(53) Georgian
    a. me mašinve momeconet tkven.
      me-dat immediately I-liked-you(pl)-ind you(pl)-nom
      'I liked you immediately.'
    b. Gelas uqvarvar (me).
      Gelas-dat he-loves-me-ind I-nom
      'Gelas loves me.' (Harris (1984)

(53)에서 대격 표시자 'me (me)와'Gelas '가 주어 자리로 이동하게 되고, 그곳에서 일치자질은 동사의 일치자질과 점검이 일어난다. 이러한 도출이 가능할 수 있기 위해서는 대격 주어가 추가적인 구조격을 배정받아야 한다. 만약 이러한 과정이 옳다면 아이슬랜드 대격 quirky격은 일치에 대한 추가적 구조격이 필요하지 않지만 Georgian 대격은 필요하다고 보아야한다. 이러한 제안은 자질점검이 대격주어와 T 사이에 일어나는지의 여부에 달려있다고 본다.

영어에서 수동태는 간접 목적어에만 적용된다.

(54) a. John gave Mary a book.
    b. Mary was given a book.
    c. *A book was given Mary.

이것은 기존에 관찰된 바와 일치하는데, 간접목적어가 주어에 더 인접하다는 데 이유가 있다. 즉 인접한 목적어에는 구조격이 있고 구조격이 있으면 일치와 이동을 할 수 있는 자격이 있다는 것이다. 반면에 직접 목적어는 결국 고유격을 가지게 되고 따라서 일치와 이동에는 무관한 요소가 된다는 것이다. 이러한 분석에 따라 (54b)는 T의 EPP 자질이 병합에 의해 만족되고, 'Mary'의 구조격은 주격으로 실현되고 그 근거는 탐색자의 해석성 자질, 즉 T의 한정시제에 따른다. (54c)에서는 반면에 직접 목적어 'a book'은 고유격만 가지고 있기 때문에 이동에는 가시적이지 않다.

그러나 흥미로운 것은 이러한 현상이 한국어에는 나타나지 않는다는 사실이다.

(55) Korean
　　a. Chelswu-ka Inho-eykey chayk-ul cwuessta.
　　　 -nom -dat books-acc gave
　　　 'Chelswu gave Inho books.
　　b. *Inho-ka chayk-ul cwuecyessta.
　　c. Chayk-i Inho-eykey cwuecyessta.

한국어 이중목적어 구문에서 수동 주어가 될 수 있는 것은 간접 목적어 '책을 (books)'만 가능한데, 이 경우 구조격은 직접 목적어에만 부여되고 따라서 일치에 가담할 수 있다.

한국어와 일본어에서 '대격 주어가 주어 자리를 차지 한다 '라는 주장이 제기되어 왔다. 그 이유는 대격 주어가 주어 지향성을 가지는 재귀사를 결속할 수 있기 때문이다.

(56) Korean

철수에게 영수가 자신$_{i/*j}$의 필요하다

'John need Harry for self's success.' (O'Grady (1991) and Kwon, K-Y (1998))

(57) Janapese

John$_i$-ni Mary$_j$-ga zibun$_{i/*j}$-no sensei-ni hikiawase-r(ar)er-u.

-dat -nom self-gen teacher-to intoduced-pot-pres

'John can introduce Mary to self's teacher.' (Ura (1996) and Kwon, K-Y (1998))

그러나 간접 목적어는 동사와 일치를 하지 않는다.

(58) Korean

a. 할머님이 생쥐가 *무섭다/무서우시다.

'Grandmother fears rats.'

b. 할머님에게 생쥐가 무섭다/*무서우시다.

'Grandmother fears rats.

(59) Japanese

a. sensei-ga tola-ga *kowai-i/o-kowai-i.

Teacher-nom tiger-nom fear-pres/hon-fear-pres

'The teacher fears the tiger.'

b. sensei-ni tola-ga kowai-i/*o-kowai-i.

Teacher-dac tiger-nom fear-pres/hon-fear-pres

'The teacher fears the tiger.'

한편, 일치는 주격 목적어와 동사 사이에 일어난다(60).

(60) 나에게 영어 선생님이 무섭다.

'I fear teachers who teach English.'

따라서, 대격 주어는 구조격을 가지지 않음에도 이동은 할 수 있는 것으로 예측된다.

3.3. 어순변화의 효과

어순 변화는 오랫동안 문체론(stylistics)의 영역으로 간주되어 왔다 (Ross 1967). 그러나 어순을 변화시킴으로 해서 나타나는 현상들 중에는 통사적 효과들이 포함된다는 주장이 제기되면서, 어순 변화를 단순히 음성적이거나 문체적인 현상이 아니라 통사적 현상의 하나로 간주하기 시작하였다. 이를 통해 아주 복잡하지만 그러나 비교적 정교한 여러 통사 현상들이 있음을 알게 되고 실제 통사론에서 어순 변화의 논의가 본격적으로 시작되었다(Saito and Hoji 1983, Saito 1985, Webelhuth 1987). 70년대 말에서 80년대 초에 걸친 소위 도식화 (configurationality) 문제와 관련하여 어순 변화는 비도식화 (non-configurational) 언어들이 갖는 공통적인 특징으로 간주되었으나, 이들 언어에서도 동사구 (VP)라는 문법 범주의 존재가 발견되면서 어순변화는 언어 전반에 걸친 여러 다양한 특징들과 관련되어 논의되기 시작하였다.

이러한 논의의 주요 관점은 변형문법 즉 이동 현상에 대한 이론하에서 어순변화가 어떠한 종류의 이동을 하는지를 밝혀내는 것이었다. 초기에는 어순변화를 비-논항 이동으로 간주하였다. 그러나 이후 비-논항 이동뿐만 아니라 논항 이동의 증거들도 다수 발견되면서 어순변화의 통사적 분석은 큰 혼란을 겪게 되기도 하였다. Webelhuth(1993) 등은 어순변화를 제 3의 이동으로 간주하고 논항과 비-논항 이동의 성격을 모두 내포한다고도 하였고, Mahajan (1992) 등은 어순변화를 논항 이동도 비-논항 이동도 아닌 다른 종류의 이동이라고도 하였다. 최소주의의 등장은 어순변화가 분석의 새로운 장을 제시하게 되는데, 그 이유는 최소주의란 의미 해석에 영향을 주지 않는 통사운용을 왜 해야 하며, 그 물음에 답할 수 없는 것은 모두 경제성 원리에 위반이기 때문에 발생하지 말아야 하든지 아니면 통사 운용이 아니라는 보기 때문이다.

본 저서에서는 지금까지의 어순변화가 분석에 대한 개요를 살펴보고 이전 분석의 문제점을 지적하면서 새로운 시각을 제시해보고자 한다. 비-논항 이동의 증거로 활용되던 소위 재구성 효과를 아래에서는 논항 이동으로도 얻을 수 있는 효과라는 점을 밝히면서 기존의 이론과 다른 즉, 어순변화는 단발성의 이동이 아니라 도출과정에 연쇄적 이동이 포함되어 있고, 그 과정에서 논항과 비-논항의 이동이 순차적으로 엮어 있는 이동으로 보고자 한다.

어순관련 언어들은 고정된 어순(fixed word order)을 가지는 언어와 자유로운 어순(free word order)의 언어로 구별된다. 어순변화는 특이하게도 자유 어순을 가지는 언어에게 주로 나타난다. 여기에 대해 Farmer(1980)과 Hale(1983)은 모든 언어는 모든 어순이 기저에서 생성 가능하지만, 어떤 어순으로 표시될 것인가는 언어마다의 특징에 따른 선택사항이라고 주장한다. 다음 문장들의 어순들은 어떤 통사 과정에 의해 도출된 것이 아니라 이미 기저에서 생성된 어순이며 선택적 결정에 의해 만들어진 결과라고 본다.

(61) a. 철수가 영희를 만났다.
　　 b. 영희를 철수가 만났다.
(62) a. 철수가 영희에게 편지를 보냈다.
　　 b. 편지를 영희에게 철수가 보냈다.
　　 c. 영희에게 철수가 편지를 보냈다
(63) a. Mary-ga sono hon-o yonda (koto)
　　　　 -nom that book-acc read fact
　　　　 'Mary read that book.'
　　 b. sono hon-o Mary-ga yonda (koto)
(64) a. John-ga Mary-ni piza-o ageta (koto).
　　　　 -nom -dat -acc gave fact
　　　　 'John gave Mary a pizza.'
　　 b. piza-o John-ga Mary-ni ageta (koto).
　　 c. Mary-ni John-ga piza-o ageta (koto).

위의 예들에서 볼 수 있는 공통적인 현상은 동사를 제외한 거의 모든 어휘들이 어순을 자유롭게 가질 수 있다는 것이다.

　한편, Ross (1967)와 McCawley (1976) 등에서는 어순변화를 전통적으로 격(Case)과 관련되는 논항-이동이나 [+wh] 자질과 관련되는 wh-이동, 즉 비논항-이동과는 달리 통사적 및 의미적 동기가 전혀 없는 단순히 문체론적인 현상으로 간주하였다. 그 예를 (65)와 (66)에서 찾을 수 있는데, (65a)에서 종속절 속의 'that book'은 주제화 (topicalization) 현상으로 주어 'John' 앞으로 이동이 되어있다. 그러나 (65b)의 경우에서처럼 주제화 형식이 의문사에는 적용되지 못한다.

(65) a. Whoi ti said that that bookj, John bought tj?
     b. *Whoi ti said that which bookj, John bought tj?

(65)에 나타나는 문법성의 차이는 결국 의문사가 나름대로의 wh-
운용자에 의해 독립된 이동을 하기 때문이다. 그러나 이러한 제약은
일본어의 경우에 나타나지 않는다.

(66) a. sono honi-o John-ga ti kata (koto)
        that book-acc -nom bought fact
        'John bought that book.'
     b. dono honi-o John-ga ti kataa no?
        which book-acc -nom bought Q
        'Which book did John buy?'

문장(66a)가 (66b)와 다른 점은 의문사구 'dono honi-o (which book)'
이 문장 앞으로 전치이동을 하더라도 비문법적이 되지 않는 다는 것
인데, 이러한 결과가 시사하는 바는 (66b)에 관련되어 있는 이동이
주제화(topicalization)와 다르다는 점이다.

비교적 초기 생성문법 이론에 해당하는 Chomsky and Lasnik
(1977)의 연구에서 어순변화는 음성부의 조작으로 도출되는 현상으
로 의미 해석에는 영향을 주지 않는 것으로 간주하였다. 그러나
1980년대 일본어, 독일어, 힌디어를 중심으로 어순변화의 통사적 현
상과의 상관성을 발견하면서 어순변화에 대한 연구는 전혀 다른 성
격으로 발전하게 되었다. 이러한 연구의 핵심은 과연 어순변화가 통
사적 현상이라면 이것이 논항이동인지 비논항를 확인하는 것이 중
요하게 되었다.

어순변화를 문체적 운용에서 통사적 운용으로 시각을 변화시킨 연구가 Saito & Hoji (1983), Saito (1985), Hoji (1985), Webelhuth (1989) 등에 있다. 이와 관련되는 통사적 현상은 대용사 결속 (anaphoric binding), 약교차(weak crossover), 재구성효과(reconstruction effects) 그리고 기생공백면허(parasitic gap licensing)으로 어순변화의 논항- 및 비-논항 이동으로의 특성을 확인할 수 있는 현상들이다.

이 중 한 가지 증거로 기생 공백 면허(parasitic gap licensing) 현상을 보자. 의문사가 전치이동을 하여 문장이 정문이 된다는 것은 전치된 의문사의 착지점이 비-논항 자리라는 것을 의미하기 때문이다.

(67) Kon sii kitaabi mohan soctaa he ki raam binaa ei barhe ti pjEnk degaa?
which book thinks that without reading throw away
'Which book does Mohan think that Ram threw away without reading?'

위의 예문(67) 힌디어는 의문사구 Kon sii kitaab 'which book'이 문장 앞으로 이동을 하고 그 곳에서 부가절 내의 기생 공백(parasitic gap)을 면허할 수 있기 때문에 이 문장은 정문으로 판정된다. 독일어와 일본어에서도 유사한 면허 현상이 발견된다.

(68) ?Man hat ihni ohne ei verwarnt zu haben ti ins Gafängnis gesteckt.
one has him without warned to have into hail put
'One has put him in jail without having warned.'

(69) dono honi-o Masao-wa Hanako-ga ei yomu mae-ni ti yonda no?
which book-acc -top -nom read before read
'Which book did Masao read before Hanako read?'

위 문장들은 부가절 내의 기생공백들이 모두 면허되어 정문으로 판정된다. 이것을 설명할 수 있는 방법은 이 예문들에서 전치된 어구 ihn 'him'과 dono hon-o'which book '비-논항 통사 이동을 하고 그곳에서 기생공백을 면허하게 된다고 보는 것이다.

재구성 효과(reconstruction effects) 또한 어순변화가 통사이동이라는 것을 보여주는 예가 된다.

    (70) apne aapi-ko raam ti pasand kartaa He self likes 'Ram likes himself.'
    (71) ek duusrei-ko kamlaa soctii He ki raam Or siitaa ti pasand karte HEN each other thinks that and like 'Kamla thinks that Ram and Sita like each other.'

(70)과 (71)의 예문에서 목적어 재귀대명사 apne aap-ko 'himself'와 ek duusre-ko 'each other'이 문장 앞으로 각각 이동함으로써 그의 선행사 'Raam'과 'Raam Or Siitaa'의 성분-통어를 받지 못하게 됨에도 불구하고, 여전히 결속현상을 유지할 수 있는 것은 재귀대명사가 원래의 위치로 재구성 (reconstruction)되어야 한다는 것을 의미한다. 이는 다른 언어들에서도 나타나는 현상인데, 한국어의 경우를 보자.
    (72) 서로i의 비밀을 철수는 영희와 미자i가 ti 폭로했다고 비난했다.

상호사인 서로 'each other'는 문장 앞에서도 여전히 영희와 미자와 결속관계를 유지하고 있는데, 이의 설명 역시 어순변화에 의해 전치된 (fronted) 요소가 재구성될 수 있다는 것이다.

논항-이동의 성격을 가장 잘 보여주는 현상이 대용사 결속인데,

그 이유는 대용사 결속이 논항-연쇄에서만 가능한 것으로 알려져 있기 때문이다. 따라서 어순변화된 요소가 만일 다른 요소를 결속할 수 있다면, 그 어순변화의 착지점 (landing site)은 논항-자리이라고 규정할 수 있기 때문이다.

(73) ?ek naukari apnei maalik-ne ti naukari se nikaal diyaa
     a servant self boss-subj service from dismissed
     'Self's boss dismissed a servant.'

그 예를 (73)에서 볼 수 있다. 여기서 어순변화 이동을 한 ek naukar 'self's servant'는 주어 속의 재귀대명사 apne 'self'를 결속할 수 있다. 아래의 (74)의 두 문장도 비슷한 경우인데 앞으로 이동해 나간 목적어가 주어를 결속하는 경우이다.

(74) a. 영희와 미자i를 서로i의 친구들이 ti 좋아했다.
     b. ?영희와 미자i를 서로i의 친구들은 철수가 ti 좋아한다고 믿었다.

어순변화가 논항-이동의 성격을 가지고 있다는 또 다른 증거는 다음의 경우에 볼 수 있다.

(75) kisi-ko u skiii bahin ti pyaar kartii thii?
     who his sister love do-imp-f be-past-f
     'Who did his sister love?'
(76) sabi-ko u skiii bahin ti pyaar kartii thii?
     everyone their sister love do-imp-f be-past-f
     'Did their sister love everyone?'

일반적으로 약교차 효과 (Weak Crossover Effects)는 비-논항 연쇄에서 일어나는 것으로 알려져 있다. 그러나 (75)와 (76)에서 문장 앞으로 어순변화 이동을 한 의문사 'who'는 약교차 위반을 해소시키는 결과를 낳게 되는데, 이는 결국 어순변화가 논항 이동을 이룬다는 증거가 된다. 유사한 경우가 한국어에서도 나타난다.

(77) 어느i 아들을 그i의 부모는 영희가 ti 사랑했다고 생각했니?
(78) 모든i 아들을 그들i의 부모는 영희가 ti 사랑했다고 말했다.

또 다른 증거로 이영석 (1993)은 다음의 예를 제시하고 있다.

(79) a. 김교수의/가 원자핵의 연구중
     b. *원자핵의i 김교수의/가 ti 연구중

먼저, 논항-이동은 격 (Case)과 관련되어 있음을 전제로 하고, (79b)의 비문에 대한 설명은 '원자핵의'라는 요소가 이미 소유격을 보유하고 있기 때문에 격과 관련된 논항-연쇄를 유발하는 어순변화를 겪을 수 없다는 것이다.

이상에서 어순변화의 두 양상을 살펴보았다. 이제 이 두 성격을 모두 설명할 수 있는 제안들을 소개한다. 어순변화 현상을 기존의 논항 및 비-논항 이동이라는 양분법에 의한 분류로는 해결될 수 없는 새로운 이동의 형태로 간주하는 것인데, 여기에는 크게 두 가지의 접근방법이 제안된다. 먼저 Saito (1989)의 제안을 살펴보자.

Saito의 주장은 어순변화가 논항 이동도 비-논항 이동도 아닌

(neither A nor A-bar) 제 3의 형태라는 것이다.

(80) dono honi-o Mary-ga John-ga ti tosyokan-kara karidasita ka siritagatteiru
(koto)
which book-acc -nom -nom library-from checked out Q want-to-know fact
'Mary wants to know which book John checked out from the library.'

즉, (80)에서처럼 어순변화 이동을 한 의문사 dono hon-o 'which book'의 작용 역 (scope)이 종속절에 국한되는 것은 어순변화가 제 3의 이동으로 의미적으로 아무런 효과를 가져 오지 못하는 이동이기 때문에, 논리형태 (Logical Form: LF)에서 처음의 자리로 되돌아가는 (undone) 것이라고 주장한다.

Webelhuth(1989, 1993) 역시 유사한 분석을 제안한다. 그는 이전의 분석과 같이 어순변화를 제 3의 통사 이동현상으로 간주한다. 그러나 이전의 분석과 다른 점은 기존의 논항 이동과 비-논항 이동을 모두 포함하는 성격의 제 3의 이동이라고 제안하고 있다. 즉, 이렇게 두 성격의 이동을 모두 내포하고 있기 때문에 뒤섞이는 이중성의 효과를 보인다는 것이다.

(81) ?Peter hat die Gastei ohne ei anzuchaun einander ti vergestellt. has the
guests without looking at each other introduced 'Peter introduced the
guests to each other without looking at them.'

위 문장 (81)은 어순변화로서 비논항 이동의 특성인 기생 공백 면허(parasitic gap licensing)과 논항 이동의 특성인 대용사 결속

(anaphoric binding)을 모두 해결하고 있다. 자세히 말하면, 목적어 명구사 die Gaste 'the guests'가 어순변화를 하여 이동을 하고 그 자리에서 부가절 ohne e anzuchaun einander 'without looking at each other'의 공백 e를 면허해주고 또한 상호사 einander 'each other'를 결속하고 있다.

지금까지 어순변화에 대한 두 제안은 그 착지점(landing site)이 대체(substitution)이 아니라 부가(adjunction)라고 한다. 즉, 대체 이동의 경우에는 그 결과가 논항이동 이든지 비-논항 이동이든지 중의 하나가 되어야 하지만, 지금처럼 제 3의 이동이라고 한다면 적어도 뒤섞이는 대체이동이 될 수 없다. 따라서 결국 부가 이동으로 볼 수밖에 없는 것이다. Chomsky(1993)은 다음과 같이 어순변화에 대한 간단한 언급에서도 부가 이동의 가능성을 제시하고 있다.

(82) "... A structural position that is narrowly L-related has the basic properties of A-positions; one that is not L-related has the basic properties of A'-position. ... The status of broadly L-related (adjoined) positions has been debated, particularly in the theory of scrambling. ..." (Chomsky (1993: p40)

한편 어순변화를 부가 이동이 아니라 대체 이동으로 분석하려는 시도가 이어졌다. Déprez(1989), Mahajan(1991), Saito(1992)와 Park(1994) 등은 어순변화를 대체이동으로 간주하고 그 도착점에 대한 정의를 새롭게 함으로서 제 3의 이동 특성을 보일수 있도록 한다. 예를 들어 Saito(1992)는 어순변화의 착지점은 비운용자 비-논항 자리(nonoperator non A position)으로 그 특성은 LF에서 재분석

(reanalysis)에 의해 단거리 뒤섞이의 경우는 논항 자리로, 원거리 어순변화의 경우는 비-논항 자리로 재분석 된다고 주장한다.

(83) ?Dare-oi soitui-no hahaoya Hanako-ga ti aisiteiru to omottru no?
 who-acc the guy-gen mother-nom -nom love come think Q
 'Who does his mother think that Hanako loves?'

위의 문장(83)이 아주 흥미로운 예인데, 약교차(weak crossover)은 표층구조에서만 나타나는 통사현상이기 때문에 원거리 뒤섞이에서 전치된 의문사 'dare-o (who)'이 약교차 효과를 보이지 않는 이유는 이 경우 어순변화가 비운용자 비-논항 자리로의 이동이기 때문이며, 비록 이 자리가 LF에서 비-논항 자리로 판명된다 하더라도 표층구조 현상인 약교차는 LF에서 변하지 않는다는 설명이다.

Park(1994) 또한 어순변화의 착지점에 대한 재분석을 통한 설명을 시도하고 있다. 다만 Saito(1992)와 다르게 어순변화를 표층구조에서는 그 착지점이 언제나 비-논항 자리가 되고 LF에서 논항 자리로 변화하는 방식을 제안한다.

(84)
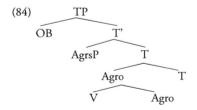

이러한 분석에는 한국어에서 동사 이동(Verb Raising)이 발생하고,

이런 이동은 LF에서 나타난다는 것이다. 더 나아가서 특정 범주의 논항, 비-논항의 구별은 머리어에 따라 결정 되는데, 머리어가 기능범주인 경우는 비논항을, 내용범주인 경우에는 논항 자리가 된다. 이제 형상 (84)를 보면, 어순변화의 착지점은 T의 지정어 자리가 되고, T가 기능범주이기 때문에 그 지정어는 비-논항 자리가 된다. 비-논항 자리의 특성으로 인해 어순변화를 겪은 명사가 격을 받을 수가 없고 결과적으로 표층구조에서는 비-논항으로 판단된다. LF에서 이제 내용범주인 동사가 동사이동으로 Agro를 거쳐 상승하면서 T로 이동하게 되면, T의 동사자질 점검이 일어나고 표층에서는 비-논항이던 지정어가 LF에서 이제 논항자리로 전환되고 지정어의 명사는 격 면허가 가능해 지게 된다.

실제로 어순변화를 기존의 논항 및 비-논항 이동이라는 이분법의 틀에서 가장 잘 설명하고 있는 것은 Mahajan (1991)인 것 같다. 그는 어순변화에는 두 종류 즉 논항 이동과 비-논항 이동이 각각 따로 존재한다고 주장하고, 성격에 따라 그 착지점이 다르다는 것이다. 이의 적절한 예가 이중목적어 구문인데, 이 경우에는 두 성격의 이동이 모두 포함되어 있다.

(85) a. raam$_i$-ne apne$_{i/*j}$ baccoN-ko Ser$_j$ dikhaayaa.
          -subj self children-ind obj tiger-dir. objshow-perf-m
          'Ram showed self's children a tiger.'
      b. apne$_{i/*j}$ baccoN-ko raam$_i$-ne t Ser$_j$ dikhaayaa.
      c. raam$_i$-ne Ser$_j$ apne$_{i/j}$ baccoN-ko t dikhaayaa

(85a)에서 재귀대명사 apne 'self'의 선행사로는 주어 'Raam'만이

가능하고, (85b)처럼 'apne'가 주어 앞의 자리로 이동하고 난 뒤에도 여전히 그 주어에게 결속될 수 있는 것은 주어 앞으로의 이동된 어순변화의 착지점이 비-논항 자리로서 논리형태에서 재구성이 일어나기 때문이라고 한다. 한편 (85c)에서처럼 직접목적어 Ser 'tiger'이 간접 목적어 앞으로 이동되는 경우는 이동된 간접 목적어가 직접 목적어 속의 재귀대명사를 결속할 수 있는데, 이 때의 어순변화는 논항-연쇄를 형성해서 그 착지점이 논항 자리이기 때문이라는 주장이다. 이것을 도식으로 나타내면 다음과 같다.

(86) [$_{ArgsP}$ [$_{AgrsP}$ Subj [$_{AgroP}$ [$_{VP}$ ind. Obj dir Obj V]]]]

(86)에서 보듯이, 이중 목적어 구문에서 직접 목적어가 문장 앞으로 이동해 가는 어순변화의 경우 간접목적어 앞을 거쳐 가게 되는데, 이 착지점은 바로 [Spec, Agro]이 되고 논항 자리로서 그 역할을 하게 된 다음, AgrsP의 부가어 자리로 올라가 비-논항 이동의 성격을 보이게 된다는 것이다.

이처럼 논항 이동과 비-논항 이동의 현상을 모두 살펴보았는데, 3.4에서는 앞에서 소개된 비-논항 이동의 성격에 대하여 좀 더 논의하고자 한다. 비-논항 이동의 증거로 제기되었던 위의 기생공백 면허와 재구성 효과의 두 현상에 반하여, 어순변화 현상이 기존의 비-논항 연쇄와 여전히 그 성격을 달리하는 점들이 나타난다. 일본어의 예를 보자.

(87) nani$_i$-o John-ga Mary-ga t$_i$ katta ka sitteiru (koto)
what-acc -nom -nom bought Q knows (fact)
'John knows what Mary bought.'

(88) daremo$_i$-ni dareka-ga Mary-ga t$_i$ atta to omotteiry (koto)
everyone-dat someone-nom -nom met thinks (fact)
Someone thinks that Mary met everyone.'

예문 (87)과 (88)은 의문사와 양화사가 어순변화에 의해 각각 주어 앞으로 이동해나간 문장인데, 이 구문의 특징은 어순변화가 이들 요소의 작용역에 영향을 미치지 않고 있다는 것이다. 즉, 위의 예에서 의문사 nani-o 'what'의 작용역은 여전히 종속절에 한정되어 있고, 양화사 daremo-ni 'everyone'는 주절 주어 dareka-ga 'someone'의 작용역을 넘을 수 없다.

그러나 아래에서 보듯이 비-논항 이동으로 간주하는 주제화 구문과 의문사 이동의 구문에서, 작용역의 해석에는 변화가 따르게 된다.

(89) *What$_i$, John knows who$_j$ t$_j$ saw t$_i$.

(90) ?Who$_i$ t$_i$ said that the man that bought what$_j$, Mary knows whether John likes t$_j$?

즉, (89)의 주제화 구문에서 'what'이 가질 수 있는 유일한 작용역은 주절이 되며, (90)에서도 'what'의 작용역은 주절에까지 미치게 된다.

의문사 이동에서도 비슷한 현상을 보이고 있는데, (91)의 경우는 'whom'의 작용역이 'who'보다 클 수도 작을 수도 있는 애매한 문장이며, (92)에서의 'whom'은 언제나 'who'보다 작용역이 더 큰 해석만 나온다.

(91) Who$_i$ t$_i$ knows which picture of whom$_j$ Bill bought t$_j$?

(92) ??What picture of whom$_j$ do you wonder who$_i$ t$_i$ bought t$_j$?

어순변화가 순수 비-논항 이동과 다른 또 하나의 증거는 다음에 나타난다.

(93) Mary-ni$_i$ Tom-ga sono hon-o$_j$ John-ga t$_j$ t$_i$ ageta to itta.
     -dat -nom that book-acc -nom gave that said
     'Tom said that John gave that book to Mary.'

(94) NY-e$_i$ Tom-ga Boston-kara$_j$ John-ga t$_j$ t$_i$ itta to omotteiru.
     -to -nom -from -nom went that think
     'Tom thinks that John went from Boston to NY.'

(93)와 (94)에서 목적어 sono hon-o 'that book'과 Boston-kara 'from Boston'이 각각 어순변화에 의해 앞으로 이동되어 있고, 이후 전치사구 Mary-ni 'Mary-dat'와 NY-e 'to NY'이 그 앞으로 다시 어순변화를 겪은 모습이다. 여기에서 만일 어순변화가 전형적인 비-논항 이동의 성격을 가진다면, 아래 (95)의 비문의 예에서 보듯이 나중에 어순변화에 의해 이동되는 요소는 먼저 이동된 요소에 의해 소위 상대적 최소성(relativized minimality)를 어기게 되고, 따라서 비문이 되어야함에도 실제로 그렇지 않다.

(95) *To whom$_i$ do you wonder what$_j$ John gave t$_j$ t$_i$?

이처럼 비-논항 이동의 특징들을 가지고 있는 것처럼 보이는 어순변화 현상이 실제로 비-논항 이동과 다른 성격들을 보유하고 있다.

최소주의 이론의 핵심은 언어의 경제성 (economy)라고 할 수 있다. 경제성 개념은 여러 측면에서 적용되고 있는데, 그 중에서 하나가 최후의 수단 (last resort)의 개념이라고 할 수 있다. 이 조항은 모든 수의적 현상을 배제시킬 수 있는 강력한 제약으로 지금까지 우리가 다루어 온 어순변화 현상과 직결된 사항으로 보인다.

이 문제에 가장 먼저 반응을 보인 학자는 Webelhuth (1993)이다. 그는 Lenerz (1977)와 Stechow and Sternefeld (1988)의 논문을 인용하면서 다음의 주장을 펴고 있다.

(96) "... The scrambled element must necessarily be unfocused-i.e. that it has to carry the feature [-F], which will also be interpreted as an operator feature ..."

(Webelhuth (1993: p194))

즉, 최소한 독일어에서 어순변화가 적용될 수 있는 요소는 반드시 [-Focus] 자질을 가지고 있어야 한다는 조항이다. 그 예를 (97)에서 볼 수 있다.

(97) a. Ich habe dem Kassierer das Geld gegeben.
I have the cashier-ind obj the money given
'I gave the money to the cashier.'
b. *Ich habe das Geldi dem Kassierer ti gegeben.

(97)에서 das Geld 'the money'가 [+Focus]을 자질을 지니고 있다면

(97b)에서처럼 어순변화에 의한 이동이 불가능하다는 것이다.

이와 관련하여 Diesing (1996), Diesing and Jelinek (to appear) 및 Miyagawa (1997)는 어순변화가 작용역의 범위를 결정해주는 중요한 그리고 필수적인 이동현상이라고 주장한다. 이것은 아래의 Johnson (p.c.)의 견해와 흡사하다.

(98) "... A term can move if there is the only way we could get an LF that yields some particular meaning. For some derivation to converge on an LF that would yield that meaning, it might require movement of some part of the sentence. ..."

따라서 (99)의 예문에서 나타나는 어순변화는 결국 부정어와 양화사 사이의 작용역의 해석을 결정해주는 역할을 하게 된다.

(99) a. weil ich nicht eine einzige Katze gestreichelt habe.
    because I not a single cat petted have
    'Since I have not petted a single cat (no cat petted)."
  b. weil ich eine einzige Katzei nicht ti gestrichelt habe.
    'Since there is a single cat that I have not petted.'

(99a)에서는 부정어 nicht 'not'이 양화사 eine 'a'보다 작용역이 더 크지만, 목적어 eine einzige Katze 'a single cat'이 어순 변화를 통해 부정어보다 앞의 위치를 차지하게 되면 작용역은 그 반대가 된다.

그러나 이러한 어순변화 이동의 의미적 이유를 통한 필연성에도 불구하고, 최소주의는 여전히 이동을 위한 형태소적 자질의 증거를 요구하고 있다. 여기에 부응할 수 있는 자료가 제시되었는데 그것은 다음과 같다.

> (100) a. ?*죤은 빨리 만화책은 읽지만, 천천히는 논문은 읽는다.
>   b. 죤은 만화책은ᵢ 빨리 tᵢ 읽지만, 논문은ⱼ 천천히 tⱼ 읽는다.

윤상헌(1997)은 [THEME]을 주제화(topicalization)나 강조형 (focalization)과 관련된 일종의 형식-형태소적 자질이라고 규정하면서, 한국어의 -은이 여기에 해당한다고 제안한다. 따라서 (100b)의 어순변 화는 -은의 자질점검을 위한 필수적 이동이 되며, 결국 이것이 경제성 을 만족하는 하나의 통사현상이 된다는 견해이다. 물론 여기서 [THEME] 자질이 관연 무엇이며 또한 기존의 형태소적 자질이 의 부 류가 될 수 있을까 하는 의문점이 대두되지만, 중요한 사실은 어순변 화가 소위 어휘자질 (L-feature) 점검의 결과이며, 따라서 전형적인 논 항-연쇄의 성격을 보유할 수 있는 가능성을 제시하고 있다는 것이다.

언어들에 나타나는 동사구 내부의 어순의 차이를 설명하기 위한 시도로 Kayne (1994)은 지정어-머리어-보어 (Spec-Head-Complement) 라는 언어 공통의 어순을 제안하고, 언어들 사이의 어순 상의 차이 는 이러한 기본 어순에서 출발하여 언어들 나름대로의 형식-자질들 의 특성에 의한 이동과 관련되어 있음을 주장한다.

즉, 다음의 도식에서 만일 어떤 언어에서 v에 강성 자질 (strong feature)이 있다면 그것을 해소하기 위해 목적어가 음성화 (Spell-Out) 이전에 이동해야 하는데, 그 자리는 결국 v의 외부 지정어 (outer

Spec) 자리가 된다.

(101)
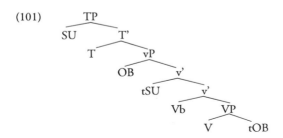

따라서 (101)의 결과로 생성되는 어순은 주어-목적어-동사 (SOV)
가 된다.

SOV와 OSV사이의 어순의 차이를 나타낼 수 있는 제안은 **Zushi**
(1996)에서 찾을 수 있다.

(102)
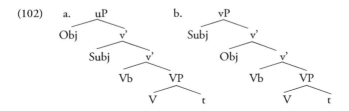

(102a)은 vP가 주어와 먼저 병합을 한 후에 목적어가 v의 외곽 지
정어로 병합을 이루고 있는 모습이고, (102b)에서는 목적어 이동에
의한 병합이 먼저 일어나고 주어가 병합되어 있는 꼴이다. 여기서 만
일 주어가 [Spec T] 자리로 이동되지 않고 이 상태에서 음성화가 일
어난다면, 어순변화의 전형적인 어순은 (102a)가 되고, 이 때 목적어

의 착지점은 논항 자리로서 논항-연쇄의 특징을 가지게 될 것이다.

(102a)의 가능성이 일본어에서 실제로 증명되고 있다. Yatsushiro (1996)는 다음의 예문에서 주어가 vP의 지정어 자리에서 머물게 되고, 상호사의 결속은 논리 형태(LF)에서 주어의 형식자질(formal features)만이 T로 상승하여 가능하다고 주장한다.

(103) a. otagaii-no ie-ni Uli to Susii-ga ita.
　　　　each other-gen house-loc and -nom was
　　　　'Uli and Sisu were at each other's houses.'
　　　b. otagaii-no ie-ni Uli to Susii-ga tuita.
　　　　each other-gen house-loc and -nom arrived

(103)의 예문은 일본어의 비대격 구문에서 주어가 상호사를 성분-통어하지 못함에도 결속이 가능한 것은 주어의 EPP-자질이 약성(weak)이고 따라서 논리 형태에서 T로 이동을 하고 그곳에서 비로소 상호사를 결속하게 된다는 주장이다.

이러한 주장은 한국어의 어순변화에도 적용될 수 있을 것 같다. 다음을 살펴보자.

(104) a. 서로$_i$의 친구들을 철수와 인호$_i$가 t$_i$ 비난했다.
　　　b. 자신$_i$의 친구들을 철수$_i$가 t$_i$ 비난했다.

(104)에 나타나는 결속현상 역시 다음에서 지시되고 있듯이 주어의 형식자질이 논리형태에서 T의 자리로 이동하게 되고 결속도 가능하

게 된다.

(105) [TP T [vP Obj [vP Subj [VP . . .]]]]
|_____FF(Subj)_____|

(105)의 예문은 일종의 재구성 효과를 나타내고 있는데 구문인데, 재구성 효과는 앞에서 비-논항 연쇄의 특징으로 생각되었던 현상이다. 즉, 어순변화를 겪은 요소는 비-논항 연쇄를 이루게 되고 따라서 논리형태에서 원래의 자리로 되돌아갈 수 있기 때문에 결속이 가능하다고 주장되었던 사항이다. 그러나 만일 이러한 재구성 효과가 재구성을 통하지 않고도 설명될 수 있다면, 어순변화를 비-논항 이동이라는 주장의 설득력이 약화되고, 오히려 대체이동인 논항 이동의 성격으로의 가능성이 더 타당한 결론이다.

이상에서 어순변화 현상의 특징과 그 동안 제시되었던 이론들 및 그들의 문제점들을 살펴보았다. 특히, 최소주의 이론에서 어순변화를 최후의 수단 (last resort)의 한 종류로서 간주하게 할 수 있는, 즉 그 성격을 논항-이동이 될 수 있다는 가능성을 검토하였다. 이 과정에서 비논항-이동의 특징으로 간주되었던 재구성 효과를 재구성을 통하지 않고서도 해결할 수 있는 방법이 제시되었다. 이러한 분석을 통해 논란이 되고 있는 어순변화 현상의 성격을 기존의 틀 내에서 설명할 수 있다는 것이고, 또한 이와 관련해서 어순변화가 의미적, 통사적 효과들과 관련되어 있음으로 해서, 이를 단순히 음성부에서 해결하려는 시도가 적절하지 못하다는 사실을 밝히게 되었다.

제 4 장

언어와 심리

4.1. 언어 표현과 인지

언어 수행의 효율성은 여러 방식으로 표현되어 왔다. 최근의 문법 틀에서 언어의 효율성은 소위 국부성(locality)의 개념으로 제한하여 설명되어 왔다. 여기서 국부성이란 기본 문형에서 다양한 활용이 일어날 때 그 활용의 단위가 최소단위로 이루어진다는 것이다. 이러한 국부성 개념은 여러 방식으로 변경되어 최근에는 국면(phase)이라는 개념으로 대체되고 있다. 여기서 국면은 문장의 활용과정에서 소리적 측면은 음성 접합부(PF Interface), 해석적 측면은 의미 접합부(LF Interface)로의 전이(Transfer)되는 과정에 그 단위가 최소화 된다는 것이다.

여기에는 두 가지 추가 가능성을 생각해 볼 수 있는데, 하나는 이 영역에 해당하지 않는 요소들은 전이에 해당하지 않는다는 기본 방식과 다른 하나는 이 영역에 들어 있더라도 어떤 이유로 그 틀을 빠져나가게 되면 또한 전이에 해당하지 않게 된다는 것이다. 특히 후자의 경우를 위해서는 해당 요소가 소위 내부 병합(Internal Merge)을 통해 그 영역의 가장 자리로 위치하는 방식이다.

이러한 국부성, 즉 국면의 개념이 언어 활용에 유효한 지에 대한 논의가 이루어지고 있다. 여기서 주로 대상이 된 것이 원거리 의존성(long-distance dependencies)에서의 연결성(connectivity) 과제이다. 본 저서에서는 이러한 연결성 개념이 심리적으로 존재하고 언어 정보 처리에서도 유효하다는 것을 보이고자 한다.

언어 현상에 대한 심리적 접근은 기본적으로 특정 언어 유형이나 현상에 화자들의 심리적 실체가 존재하는가를 밝히는데 있다. 최근 언어의 문법 이론에는 소위 내재화된 언어(Internalized language: I-language)와 외현화된 언어(Externalized language: E-language)를 구별한다. 내재화된 언어란 소리로 표출되기 이전까지 두뇌에서의 작동에 해당하는 언어이고 외현화된 언어란 이렇게 도출된 언어가 소리로 표출된 언어이다. 문법이론이 관심을 갖는 부분은 각각 다른데, 화용론이나 담화분석 등의 접근은 외현화된 언어에 집중하고, 생성 문법은 내재화된 언어에, 그리고 심리언어학은 내재화된 언어와 외현화된 언어 사이의 상관 관계를 대상으로 연구한다.

본 저서에서 관심을 갖는 영역은 다음의 두 의문이다.

(1) What might the role of the internalized grammar be?
(2) How knowledge about this grammar can be integrated with other aspects of our understanding?

과학은 객관적이고 관찰 가능한 현상을 근거로 접근하며, 언어학은 그 근거로 화자들의 직관을 근거로 접근한다. Chomsky는 이와 관련하여 다음을 지적한다.

(3) "··· it is sometimes held that conclusions based on linguistic evidence must be confirmed by converging evidence from other sources, ··· Another variant, ···, is that it is a task of psychologists to test (verify, refute) the theories of linguistics, ···"

(Chomsky 1999: 9)

한편, 인지 심리학과 생성 문법이 공유하는 관심사는 다음이다.

(4) a. 언어 처리(language processing)
    b. 언어 습득(language acquisition)
    c. 언어 손실(language loss)

본 저서에서는 언어 정보 처리에 관심을 두면서 과연 최근의 언어 문법이론들이 심리적 실체라는 측면을 검증함에 있어 인간의 인지 체계에 유효한가를 살펴본 연구를 소개한다. 이러한 과정에서 국면 이라는 국부성의 개념이 논의되고 언어 화자들이 문장을 해독할 때 한꺼번에 처리할 수 있는 정보의 양과 관련이 있는지를 확인해보고 자 실시한 심리언어학 실험이다.

이 실험에서 사용된 프로그램은 Eprime의 v2 이고 피실험자들의 모니터에 문장을 단어 단위로 끊어서 보여준 다음 해독하는 대로 다음 단어의 화면으로 넘어가게 하고 그 과정에 걸린 시간을 측정하는

실험이었다. 문장은 어휘들의 연속인데 이러한 어휘들이 표면적으로
는 일정한 여백을 두고 있지만 그 문장을 해독하는 언어화자들에게
는 그 여백마다 해독에 걸리는 시간이 다르게 나타난다. 이렇게 다
른 반응 속도는 결국 문장을 해독함에 있어서 언어화자들이 겪는 심
리적 상태, 즉 심리적 실체를 대변한다는 가정을 기본으로 한다.

실험 심리학에서 언어 정보처리에 걸리는 시간은 문장의 통사적
복잡성에 연관이 있다는 초기 연구결과가 있다. 다음의 문장을 살펴
보자.

(5) 최소 부가(최소 복잡성 'minimal complexity')
  a. Rita knew the answer to the problem by heart.
  b. Rita knew the answer to the problem was wrong.

언어 화자가 문장을 어떻게 해독해 나가는지를 확인할 수 있는 방
법으로 위 예문 (5)이 이용된다. 화자들은 (5a)를 읽어내려 갈 때,
'Rita knew the answer' 이 부분에서 'the answer'를 'knew'의 목적어
로 간주하게 될 것이다. 이어지는 해독에서 'Rita knew the answer to
the problem by heart' 처음 판정이 옳았다는 것을 알게 되고 그대로
해독을 마치게 될 것이다. 그러나 (5b)의 경우는 다르다. 똑같이
'Rita knew the answer'까지는 역시 'the answer'을 'knew'의 목적어로
판단할 것이다. 그러나 이어지는 문장에서 'Rita knew the answer to
the problem was' 첫 판단이 잘못되었다는 것을 알게 될 것이다. 즉
'the answer ...'이하가 목적어가 아니라 'was'의 주어임을 알게 되면
이 단계에서 문장을 전체적으로 재해석하는 과정을 겪게 되는데 그

결과로 반응속도가 느려진다는 것이다.

이처럼, 심리언어학 실험은 언어 화자들이 문장을 해독하는 과정에서 내면적으로 즉 내재화된 언어를 해독하는 과정에서 어떠한 심리적 실체를 보이는가를 밝히는데 목적을 둔다. 이와 같은 목적으로 논의되는 또 다른 외현적 언어로는 다음이 있다.

(6) John is too stubborn to expect anyone to talk to.
(7) Articles linguists psychologists respect write are hard to understand.
(8) I convinced her mother hated me.

예문 (6)은 문장의 마지막 전치사 'to'의 목적어를 해독하는 과정에서 생기는 애매함을 어떻게 풀어가느냐를 살피려는 의도이고, (7)는 소위 중심-내포(center-embedded) 문장이고 (8)는 정원길(garden path) 문장으로 평범한 유형이 아니다(Smith 2004).

Pillips(2004)는 별도로 소위 기생공백(parasitic gap) 문장에 대한 심리적 실체를 알아보기 위한 실험을 실시하였다. 기생공백 문장은 기생 공백의 출현이 실제 공백(real gap)이 있을 것이라는 예견을 하게 만드는 유형의 문장이다.

(9) a. *What did the attempt to repair ___ ultimately damage the car?
    b. What did the attempt to repair the car ultimately damage___?
    c. What did the attempt to repair __pg_ ultimately damage ___?

영어에서 기생공백 문장은 흔히 사용되는 유형의 문장은 아니지만 엄격히 수용 가능한 문장으로 알려져 있다. 실시간 반응 실험에서 점검하고자 했던 것은 의문사 의문문에서 의문사가 전치되고 남는 공백과의 의존성에 대한 언어 화자들의 해독 방식이 기생 공백의 해독 방식과 일치하는 가를 확인하는데 있었다. 실험은 해독자가 문장에서 주어 섬(subject island) 내부의 동사를 보게 되는 순간 기생 공백이나 면허 공백을 기다리지도 않고 의문사-의존성이 형성하는 가를 증명하는데 있었다(9c).

그 실험 결과는 아래 Phillips(2004)에 나타나 있다

(10)

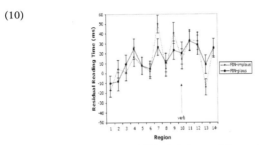

The₁ school₂ superintendant₃ learned₄ which₅ schools₆ the₇ proposal₈ that₉ **expanded**₁₀ drastically₁₁ and₁₂ innovatively₁₃ upon₁₄ ...

결과 (10)에서 보듯이, 첫 6 영역은 wh-구의 마지막까지 진행되는데 그 과정에는 의미있는 주요 효과나 교차효력이 나타나지는 않는다. 이 과정에서 발견되는 유일한 것은 구역 3에서의 주어가 가용성(plausibility)에서 다소나마 미미한 효과가 나타난다는 것이고 이것으로 인해 해독의 느림이 발생한다는 것이다.

실시간 해독 과정에서 반응 속도를 측정하는 또 다른 연구가

Gibson and Warren(2004)에서 이루어 졌다. 이들은 원거리 의존성에 해당하는 문장에서 중간 구조의 존재를 확인해줄만한 증거를 제시하고 있다. 전통적으로 어구는 도출 과정에서 많아야 하나 정도만을 넘을 수 있는 도출이 가능하다는 것을 전제로 한다.

(11) The manager who the consultant claimed that the new proposal had pleased ___ will hire five workers tomorrow.
(12) The manager who the consultant claim about the new proposal had pleased ___ will hire five workers tomorrow.

(11)에서 채움 'who'와 동사 'pleased' 사이의 관계를 연결시켜주는 구조가 존재하지 않기 때문에, 동사 'pleased'와 앞의 채움과의 융합(integration)은 동사 'pleased'와 (8)의 중간 구조의 그것에 비해 거리가 더 멀다. 이러한 실험에서 알 수 있는 것은 동사가 채움에게 의미역을 부여하게 되는 영역에서의 해독 시간이 명사화 조건에서에 비해 더 빠르게 나타난다는 사실이다. 그 이유는 절의 조건 상, 중간구조가 의문사-채움 동사 의존성을 중개하고 따라서 그 거리가 가까워진다고 보기 때문이다.

통사 정보 처리가 통사 이론과 무관하지 않다는 것을 전재로, Mulders(2005)는 Chomsky(2005)에서 제안한 국면을 넘어서 재분석이 가능한지에 대한 논의를 하였다.

이를 위한 문형으로 정원길 문장을 주로 논의하였는데, 정원길 문형은 일시적인 애매함으로 인해 해독에 어려움을 야기하는 구조로되어 있다. (12)에서의 'the water'는 일시적으로 애매함을 야기하는

데, 해독자는 이 부분을 직면하면 두 가지 가능성을 모두 감안해야 한다. 즉, 주절의 주어 역할(12a) 혹은 내포절의 직접 목적어 역할 (12b)이 그것이다.

(12) a. After Susan drank the water evaporated.
     b. After Susan drank the water she disappeared.

예문 (12)와 관련되는 정보처리에서의 어려움이 발생하는 이유는 언어 화자들이 'the water'을 동사 'drank'의 목적어로 분석하기 때문이다. 즉, 목적어로 해독하고 나서 계속 이어지는 어휘들을 보게 될 때, (12a)의 'evaporated'는 'the water'를 목적어에서 주어로 재 판독해야하는 어려움이 발생하기 때문이라는 것이다. 이처럼 재판독하는 과정은 해독을 어렵게 할 뿐만 아니라, 재판독하는 과정만큼 해독시간이 길어진다는 것이다.

Mulder(2005)는 이러한 해독의 어려움은 특히 국면 경계를 넘을 때 발생한다고 주장한다. 실험에서 그는 통사적 처리에 나름의 제약이 있고, 재분석은 국면 내부에서만 가능하다는 사실을 밝히고 있다.

(13) [$_{TP}$ [$_{PP}$ after Susan [$_{VP}$ drank ___]] [$_{TP}$ [$_{DP}$ the water] [$_{T'}$ T [$_{VP}$ evaporated]]]]

(13)에서 'the water' 는 이어지는 절의 주어로 재분석이 되는데 국면 VP의 경계를 넘어야 가능하다.

여기서 흥미로운 사실은 재분석의 과정이 언제나 정보처리의 문제를 가져오지는 않는다는 것이다.

(14) a. John believed Mary.
    b. John believed Mary came.

(14a)와 비교해보면, (14b)는 (14)에서와 같은 애매함(ambiguity)
이 있음에도 해독의 어려움을 야기하지 않는 것으로 알려져 있다.
다시 말해, 재분석은 자동으로 그리고 수고없이 수행되는 것이 아니
라는 것을 보여준다.

(15) [TP John [T' T [VP believed [CP C [TP [DP Mary] [T' T [VP came]

(14a)에서 어휘의 연속체 'John believed Mary'의 첫 해독 과정은
'Mary'가 동사 'believed'의 보어(목적어)라는 것이다. 그러나 이러한
첫 해독은 'came'을 접하면서 재판독을 겪게 되는데, 그 결과가 (15)
에 표시되어 있다. 여기서 시작 지점(source position)은 목표 지점에
대하여 국부-내포되어 있지 않다. 즉 시작 지점을 지배하지만 목표
지점을 지배하지 않는 국부 경계는 없는 경우에 해당한다.

내재화된 언어에 대한 접근성이 언어 수행에서 가장 최소화 하는
것으로 알려져 있다. 국부성은 언어 능력의 개념 중에서 경제적 수
행의 핵심이 되는 것으로 문장이 활용되는 과정에 어떠한 이동의 변
화가 발생할 때 그 간격이 최소화 하는 것을 요구한다. 그 이유에 대
한 심리학적 설명은 언어 화자들의 제한된 기억장치와 한 번에 처리
할 수 있는 언어 정보의 제약에 기인하는 것으로 본다. 즉, 변화의

틀과 간격을 최소화 하여, 머릿속 저장의 양을 작게 하게 따라서 언어 정보처리를 손쉽게 하기 위한 것이라고 본다.

(16) *What do you wonder [where [John bought __]] (wh-island)
(17) *Who did the candidate read [a book [that __ praised]] (CNPC)
(18) *Who did [the fact [that Bush supported __]] upset voters in Florida?
(Subject condition)
(19) *Who seems [it is likely [__ to solve the problem]] (super-raising)

국부성을 확인해 볼 수 있는 심리언어학 실험에서 사용되는 문형은 (16)-(19)과 같다. 모두 의문사가 특정 조건에서 문두로 전치되는 문형들인데 모두 비문으로 판명된다. Ross(1967)은 이를 모두 섬 제약(island constraints)로 부르고 특정 섬과 같은 조건에서는 의문사가 이탈할 수 없다는 어법상의 제약이다.

심리언어학에서는 이 문장들을 실시간 반응실험으로 심리적 실체로 판정되는지를 알아본다. 다음 예문 (20)-(23)에서 의문사는 밑줄로 표시된 중간 과정을 거쳐 문두로 전치되는 것으로 본다.

(20) What might Mary think __ Harry stirred?
(21) Which car do you think __ Mary said John would fix?
(22) Who do you hope __ that the candidate said __ that he admires?
(23) Who seems __ to be likely to have kissed Mary?

국부적 도출의 또 다른 증거가 원거리 결속에서의 연결성 (connectivity) 현상이다. (24)와 (25)에 드러나듯이 해석은 도출의 이전 단계에서 이루어지고 있다.

(24) Which pictures of himself does Max __ that Susan likes?
(25) How proud of herself does Lucie think __ that Max is?

연속 순환(successive cyclicity)은 해독자로 하여금 정보 처리에서 더 짧은 의존성을 선호한다는 것을 보여준다. 즉, 중간 자리들은 전체 도출의 과정 중에 하나이고 해독자는 이러한 중간 과정을 이용하여 언어 수행의 어려움을 자체적으로 해소하면서 진행하게 된다고 본다.

연결성 효과는 언어의 발성과 해독 사이의 접합부에서 국부를 근거로 판단된다. 정보 처리가 인지 체계에 따른다는 것을 고려하여, 국부라는 개념으로 인해 통사 과정이 작은 뭉치(chucnk) 단위로 발생한다고 본다(Adger 2003). 국부는 따라서 가능한 정보 기억을 최소화 하도록 정의되고, 그 정의에 다르면 국부는 결국 명제의 완성체인 CP와 의미역 완성체인 vP라고 본다. 이 두 국부는 접합부 조건 측면에서 자연스럽게 특징지울 수 있고 이것은 의미적, 음성적으로 일치하고 독립적인 내용이다.

언어의 경제성이라는 개념은 여러 방식으로 표현되어 왔다. 최근의 언어 이론에 따르면, 국면(phase) 단위의 개념이 제시되는데, 이는 언어 도출 과정에서 한 과정이 마무리되는 최소한의 영역을 지정한다. 이 도출 영역이 완료되면 그 결과는 PF라는 소리 체제로 이관된다. 언어 정보의 처리과정에서도 한 번에 처리할 수 있는 정보의 양이 제한적이고 이를 정보 뭉치(chunk)라고 한다. 과연 국면과 뭉치가 동일한 영역인지에 대한 연구는 아직 있지 않지만 현재의 판단으로는 일치하지 않는 경우가 있는 것으로 보인다.

　Ahn(2005)의 실험에서 그녀는 20개의 어휘를 영어와 한국어 화자들에게 모국어로 각각 제시하였다. 방법은 단어 단위, 어구 단위, 그리고 문장 단위로, 전체 같은 정보수로 제시하였고 그 회상능력을 비교하였다.

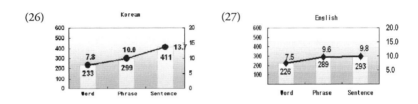

　이러한 결과는 실험 참여자들이 통사적으로 의미적으로 관련 없는 표현들 보다는 구나 문장 단위로 노출된 정보에 대한 기억이 더 우수하다는 사실이다. 한국어 화자 대상의 실험에서 피실험자 36명은 어구나 문장 형태의 20개 노출 정보 중에서 10개와 13.7개 단어의 회상능력을 보였다(무작위로 제시된 정보의 경우에는 7.8개의 회상능력이었음). 영어 화자를 대상으로 한 유사한 실험에서는 같은 조건에서 회상한 단어 수는 9.6개와 9.8개이었고 무작위로 제시한 정보에 대해서는 7.5개에 불과했다.

　이 실험은 두 번의 실시간 실험을 수행하여 국부가 정보 뭉치라는 것을 밝히려고 하였다. 첫 실험은 연결성 효과가 반응 시간과 연관된다는 것을 밝히는 것이다. 즉 국부 단계에서 반응 속도가 느려진다면 언어 화자는 그 단계를 넘어 해독하기 위해서는 추가적 노력이 필요하다는 것을 의미하겠다.

　Park(2013, 2016)은 12명의 영어 원어화자들을 대상으로 실험을 실시하였다. 참여자들은 모두 컴퓨터 모니터에 나타나는 언어 정보를 해독할 때마다 키보드를 눌러 다음 화면을 넘어가도록 지시받고, 이렇게 한 문장이 모두 해독되고 나면 그 문장에 대한 질문을 받고 yes/no를 선택하도록 하였다. 이 중에서 정답은 경우만 최종 결과에 포함시켜서 신뢰도를 높였다.

　실험의 결과는 접속사 주변의 해당 구역에서의 반응 속도가 느리다는 것으로 나왔다. 문장의 시작과 마지막 부분의 반응 속도가 느린 것은 본 연구 결과와는 무관한데 그 이유는 실험 참여자가 실험에서 보이는 흔한 현상이기 때문이다. 또 하나의 흥미로운 사실은 의문사 'which'의 구역에서도 반응 속도가 느린 것으로 나왔다. 이러한 결과가 시사하는 바는 의문사는 도출 과정에서 여러 번의 과정을 거치게 되고 따라서 이 도출 과정이 반응 속도 실험에 그대로 반영된 결과로 보인다.

　Park(2004)의 다른 실험에서는 관계대명사가 생략된 문장에 대한 실시간 반응 조사를 하였다(Race and MacDonald 2004). (38a)에서 주격 관계 대명사 which'와 동사 'be'가 생략되어 있고, (38b)에서는 모두 남아 있는 경우이다.

(28) a. The goods ordered last month have not arrived yet.
　　 b. The good which were ordered last month have not arrived yet.

c.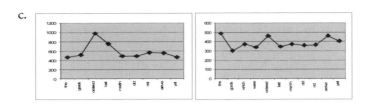

　실험의 결과를 보면 관계 대명사가 생략되어 있는 이 구역에서의 반응 시간은 다른 구역에서보다 훨씬 느리게 나온다는 것을 알 수 있다.

　이 실험에서 알 수 있는 것은 언어 정보 처리와 언어 능력의 최소와라는 두 접근 사이의 명백한 모순이 있다는 사실이다. 결과에서 보듯이, 문장에서 관계 대명사의 생력은 반응 속도를 더디게 하여 쉬운 처리는 만족되지 못하지만 반면에 언어 능력의 최소화는 만족한다. 반면에 관계대명사를 생략하지 않고 그대로 두면, 언어 능력의 최소화에는 역행하지만 언어 정보처리는 쉽게 할수 있기 때문에 또한 언어 화자들에게 선택되는 유형이다. 결국, 화자들은 언어 수행에 있어 언어 능력의 최소화를 추구하는 것과 언어 정보를 쉽게 처리하고자 하는 의도 사이에 늘 갈등이 있을 수 있고, 결과적으로 모두 가능한 유형이라고 보면, 과연 언어 능력과 언어 수행은 어떠한 상관관계로서 존재하고 언어에 대한 연구는 이 두 접근을 어떤 식으로 해결해야 할 것인지 앞으로의 과제이다.

　본 저서에서는 언어 해독에는 나열된 언어 정보의 규칙을 자동적으로 확인하는 중요한 부분을 포함한다는 견해를 따른다. 언어는 근본적인 생득적 기능에 의해 이루어진다는 가정 하에, 최근의 언어 이론에서 제기된 국면이 언어 정보 뭉치라는 측면에서 어떠한 역할을 하게 되는지를 알아보고자 한다.

실험 심리학적 연구들에서 나온 증거는 의문사가 원거리 이동을 하는 과정에서 중간 기착지를 둔다는 것이다. 이처럼 중간 과정에 의문사의 복제본을 둔다는 것인데 이 때 중간 과정은 CP 국면, 즉 하나의 정보 뭉치의 외곽자리가 된다는 제안이다. 연결성 효과와 기생 공백은 모두 국부성이 연속 순환적 도출에서 필요한 조건이라는 것을 알게 된다. 언어라는 기능은 단기 기억에 의존하기 때문에 언어의 구조는 바로 이 것의 한계를 반영하는 것으로 볼 수 있다. 국면이 언어 정보 처리에서 정보 뭉치에 해당 할 수 있다는 것은 결국 언어 활용에서의 복잡성을 줄이는 효과를 위한 것이라고 볼 수 있을 것이다.

4.2. 수동태와 통계

언어 수행에 대한 연구에서 통계적 수치의 활용이 최근 크게 부각되고 있다. 본 저서에서는 통계적 연구 조사가 언어 연구에 어떻게 적용되고 어떠한 의미를 부여하는지를 살펴본다. 특히 태(voice)에서 능동태와 수동태의 선택에서 어떤 요인에 의해 결정하게 되는지와 그 요인이 다른 언어에도 적용되는 공통의 요인인지 그리고 그 요인에 대한 효력이 언어마다 다른지 등을 살펴보고자 한다.

Montag and MacDonald(1999)와 Park(2007, 2013)에서 이러한 목적을 위한 다양한 연구를 수행하였다. 그 중에서 언어 보편적 요인으로 여겨왔던 의미적 요인인 유생성(animacy)가 수동태 활용의 요인으로 작동하는지에 대한 연구를 먼저 시작하였다. 이를 위해 영어화자와 일본어 화자에 대하여 유생성에 따른 수동태 활용의 빈도를 비교 조사하였다. 그 결과 유생성이 관계절의 머리어가 되면 수동태로 표현되는 경우가 높은 것으로 나왔다. 특히 영어화자와 일본어 화자의 경우 유생성이 수동태 사용에 중요한 요인이 됨을 밝히고 있다. 한편 한국어 화자의 경우는 영어와 일본어 화자의 경우보다는 낮은 수동태 사용의 빈도를 보이고 있다. 한편, 무생성 머리어의 경우, 영어 화자들은 여전히 수동태의 사용이 높게 나타났다.

그러나 일본어와 한국어 화자들에게는 무생성 머리어의 경우 수동태 사용이 현저히 낮아졌다. 여기서 흥미로운 사실은 영어와 일어는 어순이 SVO와 SOV로 각각 다른 어군임에도 유생성 머리어의 경우 유사한 정도의 수동태 사용이 나타났다는 것이다. 이것은 어순이 수동태 사용에 중요한 요인으로 작동되지 않는다는 것을 보여준다. 또한 유생성 머리어의 경우 일본어와 한국어 화자들에게 큰 차이의 수동태 사용빈도가 나타나는 것은 어순이 요인이 되지 않는다는 사실 뿐만 아니라 두 언어 사이에 유생성에 대한 효과가 다르다는 것인데 그 원인을 밝힐 필요가 있다는 것이다.

다음에서 이를 보다 자세히 살펴보자. 언어는 보기에 힘들이지 않고 행하는 인간의 기능인 것처럼 보인다. 그러나 하나의 문장을 발화하는 과정에는 여러 종류의 선택을 하게 되는 것으로 알려져 있다. 선택의 종류는 어휘단위에서부터 문장의 유형에 이르기까지 순간마다 여러 선택 더 나아가 여러 요인들의 상호 작용에 따른 선택을 하는 것으로 보인다. 그 과정에서 널리 알려진 전략은 화자들이 문장을 시작하는 첫 어휘가 회상가능성이 가장 높은 것으로 시작한 다는 것이다. 그 이유는 그 이후의 어휘를 선택할 여유를 조금이라 도 더 가지게 할 수 있기 때문이라고 한다(Trueswell et al. 2013).

Saffran(2013)은 언어 사용에는 크게 세 가지 정보의 활용이 있다 고 한다. 그것은 의미 정보 처리, 문법(통사적) 정보 처리, 그리고 소 리(음운적) 정보 처리이다. 음성정보 처리에 대한 것은 잠시 보류하 고, 본 저서에서는 의미와 통사 정보 처리 그리고 그 융합 정보에 대 한 처리에 대하여 논의하고자 한다. 그 이유는 문법 정보 처리는 수 동태와 같은 문장의 형식을 결정하게 되는데 이 과정에 의미 정보 처리가 필요하기 때문이다. 문법 정보와 의미 정보가 이처럼 융합 정보로 상호 처리된다는 제안과 그 확인은 획기적인 접근으로 이전 에는 별개의 처리과정으로 간주되어 왔다.

의미 정보처리에는 동시적이고 무순위의 어휘 요소들 사이에 무 한대의 가능성을 내포하고 있지만, 통사 정보처리는 상대적으로 제 한된 시간 내에 언제나 일선상의 순서로만 처리된다. 어휘요소와 문 장의 형식을 결정하는 것은 따라서 문장 산출에서 통사적 전략에서 아주 중요한 역할을 한다.

일련의 연구에서 문장의 어순은 화자들의 언어 수행 전략에 의한 것이라는 주장을 하고 있다. 즉 화자들은 문장 발화가 가능한 더 쉬 운 방법으로의 전략을 사용한다. 그 대표적인 방법이 가장 접근 가 능한 어휘나 평범한 어휘를 문장 앞에 배치하는 것이다. 이러한 발 화 전략은 첫 어휘 이후의 구성에 대한 시간을 벌어주게 되는 전략이다. Gennari and MacDonald(2009)는 의미적으로 떠오르는 어휘와 보다 사용빈도가 높고 확실하고 분명한 어휘들이 문장 앞에 사용되는 경향이 높은 것으로 본다.

이러한 의미적 요인에 의한 문장 앞 어휘 선택 때문에 그 이후의 통사 문형이 결정될 수밖에 없다는 논리를 제시한다. 즉, 유생성의 어휘가 문장 앞에 제시되면 그 의미적 요인에 의해 수동태의 선택이 필연적이라는 주장이다. 여기서 더욱 흥미로운 사실은 어휘의 순서가 정해짐으로서 그것이 결국 문형을 결정하는 요인이 된다는 것이다. 결과적으로 문장 앞에 의미적 요인에 의한 어휘 선택이 그 이후의 어휘들의 선택을 결정하게 되고 그것이 결국 문형을 결정하게 된다는 순차적 결정의 결과체가 문형이라는 주장이다.

Montag and MacDonald(2009)는 의미적 요인에 의한 통사 문형 선택이 언어별로 어떻게 나타나는지에 대한 연구를 실시하였다. 관계절에서의 능동태와 수동태의 선택 여부에 대한 빈도수를 조사하는 실험을 실시하였다. 능동태와 수동태 간의 언어 수행에서의 선택은 행위자(agent)와 피동자(patient)의 순서에 따라 다르게 나타난다.

(29) a. The mother is holding the baby.
    b. The baby is held by the mother.
(30) a. The player is holding the ball.
    b. The ball is held by the player.

(29)과 (30)에서 보듯이, 행위자와 피동자의 순서는 화자가 능동

으로 표현하는지 수동으로 표현하는지에 따른다. 행위자인 'the mother'과 'the player'이 능동태의 주어자리에 나타날 수도(29a, 30a), 수동태의 by 전치사의 목적어 자리에 나타날 수도(29b, 30b) 있다. 한편, 피동자 'the baby'와 'the ball'은 능동의 목적어 자리에 나타날 수도(29b, 30b), 수동태의 주어 자리에 나타날 수도(29a, 30a) 있다.

그러나 흥미로운 사실은 영어 관계문에서 태의 선택에는 명사 머리어의 유생성(animacy)에 따른 경향이 높게 나타난다는 것이다. 유생성 명사가 무생성 명사에 비해 접근 가능성(accessibility)이 높다고 보기 때문에, 관계문의 머리어 명사와 행위의 행위자성의 유생성 유무가 관계절의 구조적 선택에 영향을 준다는 것이다.

Macdonald and Montag(2009)은 영어 화자들은 관계절의 머리어 명사가 유생성일 때 'the girl'과 'the man', 수동태로 표현하는 경향이 98%에 달했다고 밝혔다.

(31) a. the girl that is (or, being) kissed by the woman
     b. the girl that the woman is kissing
(32) a. the man that is (or, being) thrown by the woman
     b. the man that the woman is throwing
(33) a. the trophy that is (or, being) kissed by the woman
     b. the trophy that the woman is kissing
(34) a. the ball that is (or, being) thrown by the man
     b. the ball that the man is throwing

그러나 관계절의 머리어 명사가 무생성인 'the trophy'와 'the ball'
인 경우에는 61.2%로 하락하였다.

Trueswell et al. (2013)은 더 나아가 그림을 이용한 실험을 실시하
였는데, 영어화자에서와 같이 일본어 화자들을 대상으로 관계절의 머
리어가 유생성인 경우에는 거의 대부분 수동태로 표현하였다고 한다.

(35) a. onnanohito-ni nage-rare-te-iru otokonohito
        woman-by throw-pass-pres-prog man
        'the man that is (or, being) thrown by the woman'
     b. onnaohito-ga nage-te-iru otokonohito
        woman-nom throw-pres-prog man
        'the man that the woman is throwing'

유생성 머리어인 'otokonohito (the man)'의 경우 수동 관계절이 사
용되는 경향이 99.3%로 나타났다(35a).

그러나 관계절 머리어가 무생성인 'sazi (spoon)'으로 나타나게 되
면 수동 관계문의 선택이 급격히 떨어진다. 일본어 화자들은 이런
경우 수동 관계절(30.1%)에 비해 능동 관계절의 선택(69.6%)을 한
것으로 알려져 있다.

(36) a. otoko-ni magat-rare-te-ru sazi
        man-by bend-past-pres-prog spoon
        'the spoon that is (or, being) bent by the man'
     b. otoko-ga magat-te-ru sazi
        man-nom bend-pres-prog spoon
        'the spoon that the man is bending'

비록 영어와 일어 화자들이 관계절의 머리어의 유생성이 따라 수동문과 능동문 간의 선택 비율에서 차이가 있지만 공통적으로 두 언어가 유생성이라는 의미적 특성에 민감하고 그 여하에 따라 통사적 문형의 선택에 영향을 준다는 사실이다.

Park(2013)은 한국어 화자를 대상으로 유사한 실험을 실시하면서 영어, 일본어, 한국어 간의 유생성 효과에 대한 범언어적 차이를 관찰하였다. 이 세 언어가 이런 연구조사에 좋은 대상이 될 수 있는 이유는 어순(영어 vs. 일본어/한국어)이 다르다는 점뿐만 아니라 격조사 탈락 여부와 어순변화 다양성 여부(일본어 vs. 한국어)에서도 차이가 있기 때문이다.

유생성 머리어 '아기 (the baby)'의 경우, 한국어 화자들은 수동태를 67% 선택하고 있지만(36a), 이 수치는 영어와 일본어 화자에 비해 아주 낮다. 그러나 무생성 머리어의 경우와 비교하면 영어와 일본어 화자만큼은 아니지만 그래도 유생성이라는 의미적 요인에 한국어 화자들이 반응을 보인다는 측면에서는 모두 공통이다.

(37) a. 엄마에게 안긴 아기
      'the baby that is (or, being) held by the mother
   b. 엄마가 안은 아기
      'the baby that the mother is holding'

일본어 화자와는 다르게, 한국어 화자들은 관계절의 머리어가 무생성인 경우 수동태의 선택이 29%로 떨어져 있다.

(38) a. 선수에게 잡힌 공
　　　　'the ball that is (or, being) caught by the player'
　　b. 선수가 잡은 공
　　　　'the ball that the player

　　영어, 일본어, 그리고 한국어 수동 관계절의 경우 보이는 빈도의 특징은 다음으로 정리된다. 유생성 머리어의 경우, 영어 화자들은 98%를 그리고 일본어 화자들은 99.3%의 수동태 사용의 빈도로 두 언어 화자들 사이에 유사한 특성을 보이고 있다. 한편, 무생성 머리어의 경우, 일본어 화자들은 30.1%를 한국어 화자들은 29%의 수동태 선택으로 두 언어 화자들 사이에 유사한 특성을 보이고 있다. 비록 수동태 선택에서 다소 다른 수치를 보이고 있지만, 모든 언어 화자들은 유생성이라는 의미적 정보 처리에 있어서 유사한 개념적 효과를 보인다는 것이 중요해 보인다.

　　여기서 의문은 왜 한국어 화자들은 영어와 일본어 화자들에 비해 수동태 사용의 빈도가 낮은가 하는 것이다. 이 문제를 다루기 위해서는 한국어에서 수동태 선택에 영향을 주는 의미적 제약에 대한 보다 구체적 탐구가 필요해 보인다. 이를 위해서 Park(xxxx)은 한국어 화자들을 연령별로 구분하고 각 연령대가 어떠한 특성을 보이는지를 살펴보는 것이다.

　　참여자들은 연령별로 세 그룹으로 나누어졌다. 첫 그룹 A는 중학생과 고등학생들로 14-16세로 구성되어 있다. 총 인원은 25명이고 11명의 남자와 14명의 여성 참여자이다. 그룹 B는 21-31세 (평균 23.7)이고 대학생 및 대학원생으로 구성되어 있다. 총 27명이었고

16명의 남성과 11명의 여성이다. 마지막 그룹 C는 35-61세 (평균 42.1)로 남성 6명과 여성 11명의 총 17명으로 구성되어 있다. 실험 참여자들은 모두 유사한 실험에 참여한 적이 없었고 연령을 제외하고는 특별한 변인이 없는 것으로 보고 진행하였다.

능동과 수동태로 사용되는 빈도가 비슷한 20개의 동사가 선택되었다. 여기에 40개의 filler가 더해져 총 60개의 동사가 사용되었다. filler가 추가되는 이유는 실험을 진행하면서 터득하게 되는 학습효과와 전략형성의 경우를 피하기 위해서 이다. 실험의 과정은 모니터에 능동과 수동의 두 문장이 제시되고 참여자는 이 두 문장 중에 보다 자연스러운 것을 선택하도록 하였다. 이 과정에는 연습 부분도 포함되어 있고 본 실험에서는 참여자들 마다 무작위 순서로 진행되었으며 실험 이후에는 yes/no의 정답확인 과정을 거쳤고 오답으로 응답한 경우에는 결과에서 제거하였다.

연령별로 관계절에서 유생성 여부에 따른 수동태 사용의 빈도를 측정한 결과 표1에서 보듯이 연령이 높아질수록 유생성 머리어의 경우 수동태 사용 빈도가 높아지고, 반대로 무생성 머리어의 경우 연령이 낮을수록 수동태 사용이 높아지는 것을 알 수 있다.

(39)
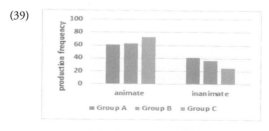

<표 1> 연령별 수동태 선택 빈도

머리어의 유생성 여부에 따른 수동태 사용의 비율은 화자들의 연령에 따라 다르게 나타났다. 즉, 유생성 머리어의 경우 연령별 세 그룹별 빈도가 61%, 63%, 그리고 73%로 나타나고, 무생성 머리어의 경우는 41%, 29%, 그리고 25%로 나타났다.

여기서 흥미로운 사실은 화자의 연령이 많아질수록 유생성 머리어의 경우 수동태의 표현이 더 많고, 무생성 머리어의 경우 수동태의 표현이 줄어든다는 것이다.

(40)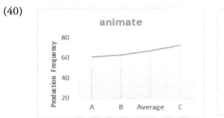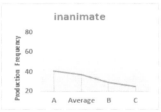

<표 2> 연령별 빈도수의 변화

그룹 A와 B는 평균 빈도고 67% 이하의 수치를 보이고 있으며 유생성 머리어의 수동 관계절의 분포에 대한 유의미한 차이는 없지만 그룹 C는 유의미한 결과 값을 보이고 있는 것으로 나타났다 (t(34)=2.62, p<.05). 한편 집단 B와 C는 평균 빈도수(37%)보다 낮게 나왔으며 무생성 머리어의 경우 수동태 사용에서 의미있는 차이를 보이지 않았다. 그러나 집단 A는 차이를 보이고 있다는 점이 밝혀졌다(t(23)=2.49, p<.05). 무생성 머리어의 경우 수동문의 빈도수에서 평균치는 37%이었는데 이후 유사한 실험을 실시한 Park(2013)의 결과치인 29%와 유사한 결과 값이다.

이러한 결과가 시사하는 바는 모든 연령의 집단들이 유생성이라는 의미 요인에 의해 수동태라는 통사 문형 선택에 반응을 하고 있다는 것이다. 그러나 집단 A (10세 이상)과 집단 C (40세 이후)는 유생성에 대하여 아주 대조적 반응을 보였고 집단 B (20세 이상)은 두 집단의 중간 정도의 수치를 보이고 있다.

코퍼스 분석은 해당 연구 목적에서 언어 수행자들이 어떠한 경향을 보여주는가를 밝히는데 많이 사용된다. 심리언어학적 실험에서와 같이 코퍼스 분석에서도 유생성 머리어의 경우 수동태 문형이 얼마나 문헌에서 사용되었는지를 조사하였다. 이러한 분석의 이론적 근거는 소위 생산-분포-이해(production-distribution-comprehension: PDC) 이론에 따르는데, 이는 평상시 언어 활동에서 언어의 발화나 해독의 모든 과정에서 경험한 경험치가 상호간 언어 사용에 영향을 주게 된다는 것이다.

예를 들어, 언어 화자들이 보이는 발화상의 일반적 경향이 그 이전까지의 발화뿐만 아니라 해독의 경험치가 높을수록 반응속도가 빠르게 나타난다는 것이고 그 반대도 마찬가지이다. 이는 결국 언어 활동은 평상시의 경험치의 통계적 값에 의해 결정될 수 있다는 주장이고 더욱 중요한 것은 발화와 해독이 기존에는 별개의 언어 활동이라고 간주되었으니 PDC는 상호 영향을 주고 받을 수 있는 언어의 분포(distribution)이라는 개념으로 통합되어 전개된다는 것이다. 이러한 개념은 또한 Seidenberg(1987)에서 처음 제안한 소위 통계학습(statistical learning) 이론에 기초하고 있다.

언어 정보처리에서 분포 정보에 대한 민감도에 대한 주장에 따라, 경험치가 문장의 산출과 해독과정에서 결정적 역할을 하는 것으로 보인다. 두 문형에 대한 초기의 선택은 두 문장 유형의 상대적 빈도 수에 대한 언어적 입력에서 분포 정보에 의해 결정될 수 있다 (Trueswell et al. 2013). 본 실험에서는 한국어 텍스트에 대한 코퍼스 분석도 포함되어 있는데 화자들의 경험 값에 대한 대략의 영향을 파악해서 이것이 수동과 능동의 산출과 해독에 특별한 영향을 끼쳤는지를 파악하는 자료로 이용되었다.

총 6권의 텍스트가 선정되었는데, 그 기준은 독자들의 연령에 따르고 있다. 10세 이하의 독자들을 대상으로 구성된 텍스트 2권과 19세 이하의 독자 대상의 텍스트, 그리고 21세 이상의 독자를 대상으로 구성된 텍스트 2권 등 총 6권의 텍스트에 대한 수동태 분포를 살펴보고 있다. 구어체와 문어제의 형식 유형은 고르게 분포되어 있고, 일부의 텍스트는 번역본으로 진행되었지만 사전 실험에서 원전과 그 결과 수치에서 유의미한 차이가 없는 것으로 판명되었다.

해당 연구에 해당하는 문장들이 선정되고 기록되었는데 그 기준은, 능동태/수동태, 주어와 목적어, 그리고 유생성/무생성의 구별되었다. 관계절에서 행위자의 탈락의 경우들이 포함되었지만 머리어가 추상적이고 부사적 의미의 관계절은 해당 연구의 목적과 의도와 다른 것으로 판단되어 최종 자료에서 배제되어 있다.

카테고리 I에 포함되어 있는 텍스트(120쪽)에서 발견된 관계절의 숫자는 텍스트별 30건으로 나왔고 모두의 합은 62건에 해당되었다.

(41)

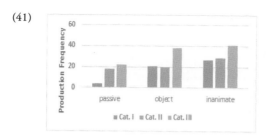

<표 3> 수동태, 목적격 관계절 및 무생성
머리어의 수치

표3은 수동태, 목적격 관계절 그리고 무생성 머리어의 상호 분포를
보이고 있는데 그 값은 각각 4%, 21%, and 27%에 해당한다. 또한 표
3은 이러한 값이 영역 II와 III에서 더 많이 발견된다는 사실과 그러
나 능동과 수동태의 빈도는 각각 18% and 22%에 불과하다는 것을
보인다. 가장 현저한 변화는 목적격 관계절과 무생성 머리어의 출현
이 20%에서 38%로, 29%에서 41%로 각각 상승하였다는 점이다.

심리언어학 실험과 코퍼스 분석에서 한국어 화자들에게도 관계절
에서 능동과 수동의 선택에 있어서 유생성이 어느 정도 영향을 미치
는 것으로 보인다. 결국, 세 언어 화자들은 모두 유생성 머리어인 경
우가 무생성 머리어인 경우에 비해 수동태 선택이 많이 나타난다는
공통점이 있다. 보다 구체적으로 보다 구체적으로, 일본어 화자들은
유생성 머리어의 경우 수동태로 표현하는 경향이 아주 높으며, 반대
로 머리어가 무생물인 경우에는 능동태로 표현하는 경향이 높은 것
으로 알려져 있다.

(42)

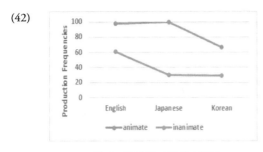

<표 4> 언어별 수동태 사용률

영어 화자들은 한국어 화자들에 비해 유생성과 무관하게 대체로
수동태 사용 빈도가 높은 것으로 나타났다. 그 이유가 분명하지는
않지만 격표시자의 존재 유무, 의미적 정보 방해, 의미적 불확실성
에 근거한다는 제안들이 있다. 또 다른 견해로는 의미정보의 융합
영향이 언어 화자들의 연령에도 연관이 있고 언어 수행에서 특정한
문구나 문형에 대하여 더 민감한 연령대가 있을 수 있다는 것이다.

(43)

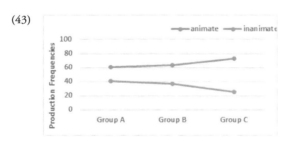

<표 5> 연령별 수동태 비율

표5는 유생성의 의미적 정보가 연령대별 통사적 문형 선택에 어
떠한 영향을 주는지를 보여주는 자료이다. 그룹 C는 그룹 B와 A에
비해 의미적 융합 전력을 더 많이 이용하는 것으로 보인다. 코퍼스

분석으로 이러한 사실에 대하여 어느 정도의 설명을 구할 수 있는데 아동을 대상으로 쓰인 책에서 수동태가 발견된 경우는 없었고, 성인을 대상으로 하는 책에서는 최대 22%의 수동태가 사용되었다.

또한, 무생물 머리어 명사와 목적격 관계절이 사용된 비율은 38%과 41%로 각각 나타났는데 이는 모두 능동태 문형과 관련되는 경우들이다. 이러한 통계를 통해, 한국어 화자들은 일상 언어활동에서 유생성의 의미적 요인에 노출되는 기회가 다른 언어화자들에 비해 낮은 것으로 보이고 따라서 전반적으로 통사적 수동태 선택의 비율에서도 낮제 나타나는 결과가 초래된 것으로 보인다.

언어 수행에서 의미적 요인으로 통사적 문장 형식이 결정될 수 있다는 것은 언어 화자들이 언어를 매체로 표현함에 있어 음성, 의미, 통사 정보들이 각각 어떠한 상호 작용을 통해 가능한지를 보여준다는 측면에서 의미가 있다. 특히 언어별 더 나아가 언어 화자들의 연령별 그 정도가 다르게 나타난다는 것 또한 장기적으로 추구할 만한 연구 대상이라고 본다.

결과적으로 언어는 다르지만 화자들은 유생성이라는 의미적 정보에 따라 수동태의 사용빈도가 유사한 경향을 보인다는 사실만으로 유의미한 연구 결과라고 볼 수 있다. 언어 화자들의 인지적 능역에 화자들이 언어 활동으로 얻은 경험과 학습으로 언어 발화에서의 선택에 일관적인 특성을 보인다는 것이다.

4.3. 언어와 연령

　언어는 일상에서 중요하고 복잡한 일생의 능력이다. 그러나 언어가 노화의 제약을 받는 만큼, 인지노화의 상관관계를 밝히기 위한 많은 노력이 있었다, 대부분의 연구는 일시적 기간과 제한적 대상에 국한되어 있으며 기억력에 의존하는 어휘추출과 음성발화를 중심으로 진행되고, 그 상위의 언어단위 정보처리에 대한 연구는 상대적으로 많지 않다. 따라서 본 연구는 연령대별 능동/수동 관계절 문형선택과 복합명사구 수식선호에 관한 두 종류의 실험을 통해, 인지노화가 통사영역과 의미영역에 언제 그리고 어떠한 변화를 유발하는지 살펴보았다.

　그 결과 통사와 의미단위의 정보처리 변화가 인지노화의 심화에도 불구하고 상당히 늦게 나타난다는 사실과 의미기능이 통사보다 더 오래 유지된다는 사실을 발견한다. 이러한 발견들은 인지노화에 대하여 언어영역별 변화가 순차적이고 각기 다른 방식으로 전개된다는 것을 의미하며, 더 나아가 고령성인에게 나타나는 언어정보 처리에서 신경조직 연결망의 보상 활성화 현상에 관한 최근 연구들과도 연관이 있음을 제안한다.

　인간은 정상인이라면 태어나서 주어진 환경에 따라 일정한 과정의 언어발달을 거치고, 비교적 어린시기에 평생을 사용할 언어를 모국어로서 완전히 터득한다. 그리고 유아기에서부터 아동기와 청소년기까지의 언어발달이 지나고 중장년기와 노년기를 거치면서, 인간은 여러 종류의 인지기능 저하와 더불어 언어활동에서도 크고 작은 변화를 겪게 된다. 이와 같이 일생 동안에 걸쳐 변화하는 언어는 인지노화(cognitive aging)라는 기능상 특수한 학문적 측면에서 뿐만 아니라, 사회공동체 생활에서 언어를 통한 적절한 의사 소통이 삶의 유지에 아주 중요한 활동이라는 측면에서도 연구의 필요성이 있다.

생물학적 정상노화에서 가장 현저하게 드러나는 것이 기억력 감퇴이고, 이러한 인지기능의 변화에 의존하는 것이 언어이다. 고령의 성인들을 대상으로 한 다수의 실험에서 이들에게 익숙했던 어휘들의 음성발화 성공률이 떨어지고, 설단현상이 더욱 빈번히 발생하며, 어휘철자 추출에 어려움이 심화되는 것으로 나타난다. 그러나 고령의 성인이라 하더라도 통사와 의미정보 처리기능의 변화 여부에 대하여는 이견이 있다(MacKay and Janes 2004). 뇌신경학적 증거를 토대로, 어휘들의 의미를 파악하고 문장 해독에 필요한 의미를 처리하는 능력은 노화에도 불구하고 큰 변화가 없다는 주장도 있다(Wechsle 1997).

특히, 뇌신경망 활동성에 관한 실험에서 인간은 노령화로 갈수록 뇌의 국부적 영역보다 영역들의 연결망(connectivity) 사이에서 보상 활성화(compensatory recruitment)가 일어난다는 사실을 제시한다(Burke and Shafto 2008). 이러한 제시 및 fMRI와 뇌파실험의 N400/P600의 결과를 보건데, 인지노화에 따른 언어기능 변화가 모든 영역에서 동시다발적으로 발생하는 것이 아니며, 보상 활성화의 정도에 따라 일부 언어단위 정보처리는 오랫동안 유지될 수 있음을 시사한다.

그러나 인지노화에 대한 연구들은 대부분 일시적 기간과 제한적 대상으로 국한되고 있으며, 일생동안의 일반화된 결과도출의 추구는 그 동안 상대적으로 활성화 되지 못하고 있다. 인지기능 중에서 특히 노화에 따른 언어수행 변화 연구는 주로 기억력과 관련된 고유명사의 명명(naming)과 어휘단위 정보추출 지연, 그리고 음성언어 처리속도 저하가 주류를 이루고 있다. 언어가 기억력과 어휘단위 정보 및 실시간 정보처리 속도 등의 제한을 받는다는 사례들에 비해, 통사와 의미단위의 정보처리가 인지노화와 어떠한 관계에 있는지를 밝히는 연구는 상대적으로 많지 않았다.

따라서 해당 연구는 기억력과 어휘단위 언어정보 변인(factor)을 측정하는 선행연구들과 다르게, 능동/수동 문형선택의 통사단위와 명사어구 수식여부의 의미단위 정보처리에서의 연령대별 변화를 살펴볼 것이다. 이러한 실험결과를 근거로, 본 연구는 인지노화에 따라 언어수행의 변화하가 언제나 비례적으로 변화하는 것이 아니며, 언어정보 단위별 특성에 따라 순차적으로 발생하게 된다는 제안에 또 다른 증거를 제시할 것이다. 본 연구는 여기서 더 나아가 인지노화에도 불구하고 통사단위에 비해 의미단위의 정보처리 기능이 상당히 더 오랫동안 유지된다는 사실을 제안할 것이다.

이 과정에서 본 연구는 문장해독과 산출에서 선호도와 실시간 해독시간 자료를 추출할 것이며, 음성정보 처리에 대한 부담 변인을 배제할 수 있도록, 실험 참가자들에게 화면을 통해 문장들을 제시하고, 그 중에서 주어진 상황에 맞는 문형을 선택하는 방식으로 진행한다. 성인집단은 다시 두 그룹으로 나누어져 연령별 실험 결과치가 습득

경험이나 노출빈도에 따른 변인을 영향을 받지 않도록 구성한다.

인지노화에 따른 언어변화의 특징들은 주로 소리언어 정보처리의 속도저하와 기억력 감소에 따른 어휘추출의 어려움 등이다. 소리언어 정보를 해독하는 동안, 화자는 다양한 정보처리 과정을 실시간으로 겪는데, 입력된 소리정보는 음향/음성 및 음운의 발성과 통사/의미의 어휘를 포함하는 중간의 다중 언어단위 체제로 전환되고, 이는 다시 통사적으로 일관성 있고 의미적으로 유의미한 정보로 전개되어 나간다. 이러한 복잡한 처리과정과 다양한 언어단위 체제들 사이의 상호작용에서 가장 큰 어려움은 음성발화라는 것이 쉽게 사라지는 정보라는 점에 있다.

따라서 청자는 들리는 정보를 효과적으로 해독하고 정보처리 지체로 정보가 순간적으로 과축적(overloaded) 되는 것을 방지하기 위해 유입정보 처리속도를 조절해가며 신속하게 해결해야 한다는 것이다. 인간은 정상적인 상태에서 소리언어 정보를 아주 효과적으로 처리할 수 있는 능력이 있어, 청자는 소리정보를 처음 입력한 때부터 해독하는 데까지 약 200ms정도 걸리며, 1/1000초 단위로 음성단위 정보표시 체제를 구축하면서 언어를 수행한다(Marslen-Wilson 1973, Thornton and Light 2006). 그러나 고령의 성인에게는 대화문맥이 유지되지 않는 조건에서는 대화가 너무 빠르게 진행되거나 주위에 소음이 있는 경우 해독에 다소 어려움을 겪게 된다.

노령의 화자들에 대한 언어정보 처리속도와 더불어 어휘추출에 관한 실험들도 보고된다. 신경생물학의 자료에 따르면, 어휘추출 동안 두뇌 양쪽 측두엽 중간피질의 활성화가 포착되고, 음성정보 해독 과정에는 좌뇌 측두엽의 후상부와 좌뇌 전두엽 하상부에서 주로 반응이 나타나는 것으로 알려져 있다. 실제로 음성을 발화하면, 좌측 측두엽 후상부와 두정엽이 상호작용하며 활성화 되는데, 음성정보 해독과 마찬가지로 발화 역시 사진 속의 물체 명명을 위한 어휘추출 시간이 보통 600ms인 것으로 알려져 있다(Indefrey and Levelt 2004, Hickok 2009). 그러나 노화에 접어든 성인들에게는 젊은 성인들에 비해 어휘 추출과정에 현저한 속도 저하가 발생하고, 정확성도 떨어지며 따라서 설단현상 또한 빈번히 일어나게 되는 것이다. Miozzo and Alfonso(1997)는 일련의 설단현상 실험에서 아래 (표1)를 통해 30대 초반에 이미 설단현상이 유의미하게 발생하고, 50대에서는 현저하게 그 빈도수가 높아진다고 주장한다.

(44)

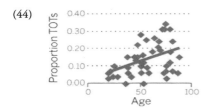

<표 6> 연령에 대한 설단현상 빈도

여기서 흥미로운 사실은 Wright et al.(2012)과 Geerligs et al.(2014) 등이 제기한 것처럼, 인지노화에 따라 언어수행의 변화가 나타나지만, 그 변화는 음성언어의 신속한 정보처리와 기억력에 연계된 어휘 및 어휘의미 추출에 국한된다는 것이고, 또한 두뇌의 노화가 훨씬 일찍 시작됨에도 불구하고, 언어수행의 변화의 상대적으

로 늦게 나타난다는 것이다. Thorton and Light (2006)과 Tun(1998)은 노화에 따른 청력 감퇴가 언어정보 해독과 연관이 있는지는 분명하지 않지만, 적어도 어휘 추출에서 노령의 성인들에게서 지체(delay) 혹은 오류가 발생할 뿐만 아니라, 이들에게 분명 어휘들에 대한 지식이 오히려 증가도 한다고 말한다.

또한, 노화로 인해 언어수행의 변화가 언제나 발생하는 것이 아니라는 주장도 꾸준히 제기되었다(Au et al. 1995, Rabaglia and Salthouse 2011). 심지어 Wechsle(1997)는 일련의 실험에서 어휘정보가 60세의 성인에게 있어서도 여전히 그 지식의 양이 증가하기도 하고, 적어도 그 나이까지 기존 정보가 질 유지되며, 다만, 고령의 성인에게 이러한 어휘정보에 대한 접근능력은 현저히 떨어진다고 한다. 이처럼, 어휘단위 추출이나 소리정보에 대한 처리에서 변화를 보이는 예들은 비교적 잘 관찰되고 많은 보고들이 있지만, 통사 및 의미단위 정보처리 변화에 대한 연구는 상대적으로 많지 않다. 따라서 본 연구에서는 인지노화에 따른 통사와 의미단위 정보처리 변화를 추적하고, 그 결과를 주변학문의 결과들과 논의를 통해 타당성을 점검하는 것이다.

해당 연구는 실험에서 인지노화의 진행에 따라 통사단위 언어정보 처리가 어떠한 변화를 겪는지를 알아보기 위해서 실험참가자를 연령대별로 세 집단으로 나누어 관계절 문장산출에서 능동/수동 문형선호(structure choice) 실험을 실시하였다. 일반적으로 관계절 문형은 선행명사의 유생성에 밀접한 것으로 알려져 있다. 즉 유생 선행명사인 경우 수동문형 관계절 선택이 우세한 반면에, 무생 선행명사의 경우 능동문형 관계절 선택이 우세하다는 것이다(MacDonald and Christiansen 2002, Montage and MacDonald 2009).

실제로 이러한 문형선호도는 한국어에서는 두드러지게 나타나지 않는다. 그 이유는 한국어 관계절은 선행명사가 관계절보다 뒤에 나오기 때문에 선행명사의 유생성 정보가 관계절 문형선택에 절대적인 영향을 줄 수 없기 때문이다. 그러나 선행명사의 유생성 여부가 문형선택에 영향을 미칠 수 있는 가능성을 배제하기 위하여 선행명사를 유성생으로만 구성하여 실험을 실시하였다.

연령대별 구성을 크게 세 집단으로 나누었다. 첫 집단(A)은 중고등학생들로 구성되어 있으면 연령은 14-16(평균15.1)세에 분포하고 있으며, 부산소재 중고등학교에 재학 중인 남자 11명과 여자 14명 등 총 25명이다. 두 번째 집단(B)은 부산소재 대학원 재학 중인 대학원생과 일반인으로 연령은 35-43(평균 39.6)세 사이에 분포하고 있으며, 남자 17명과 여자 28명 등 총 45명이다. 세 번째 집단(C)은 일반인으로 연령은 55-69(평균63.2)세 사이에 분포하고 있으며, 남자 11명과 여자 13명 등 총 24명으로 구성되어 있다. 모국어인 한국어를 대상으로 하기 때문에 나이의 변수를 제외하고는 차별화 하지 않았으며 유사 실험에 참여한 적이 없는 정상 언어화자들이다.

관계절 수식에서 능동/수동 문형선택의 선호도를 측정하기 위하여 각 표현을 컴퓨터 스크린에 나타나게 하고, 실험참가자의 의도에 따라 스페이스바를 눌러 다음 화면으로 넘어가도록 하였으며, 두 표현을 각각 본 후 개인적 선호하는 하나를 선택하도록 지시하였다.

측정대상 표현은 총 20개 표현의 두 표현, 즉 40개이며, 위장표현
40개의 두 표현, 즉 80개를 포함해 총 120개의 표현으로 구성되어
있다. 측정에 이용된 표현의 예는 다음과 같다.

(46) a. 포수가 막은 주자
     b. 포수에게 막힌 주자
(47) a. 경찰이 잡은 도둑
     b. 경찰에게 잡힌 도둑

위의 예시처럼, 유생성 선행명사 '주자/도둑'에 대한 능동(a)/수동
(b)의 표현을 제시하여 하나를 선택하도록 하였다. 연령대별 세 집
단의 수동형 선호도를 조사한 결과는 (47)과 같다.

(47)

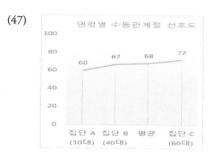

<표 7> 연령별 유생성 선행명사에
대한 수동관계절 선택

'주자/도둑'과 같은 유생성 선행명사에서 수동관계절 문형 선호도
를 표시한 분포를 보면, 집단A(10대)와 집단B(40대), 그리고 집단
C(60대)의 선호도가 각각 60%, 67%, 그리고 72%이며, 전체 평균은
68%로 나타났다. 여기서 흥미로운 것은 집단A와 집단B의 차이는

유의값(t(34)=2.62, p<.05)으로 나온 반면에 집단B와 집단C의 차이는 그렇지 않다(t(34)<1). 이러한 결과는 유생성 선행명사의 경우 연령이 높아질수록 수동관계절 문형의 선호도가 높아진다는 사실뿐만 아니라, 통사단위 정보처리에 대한 변화가 집단B(40대)에서 이미 나타나기 시작한다는 사실이며, 이것은 30대초에 시작되는 설단현상보다 늦은 변화이다.

또 다른 실험에서는 의미단위 정보처리에 있어서 인지노화 영향을 알아보기 위하여 수식관계(modification)에 대한 해독선호도 및 해독속도(reading time) 실험을 실시하였다. 실험참가자들은 실험1 등 유사 실험에 참가한 적이 없으며, 구성된 세 종류의 실험을 모두 수행하였고, 각 실험 전 적절한 사전훈련과 충분한 지시를 통해 가능한 응답의 정확도를 높이려고 하였으며, 동시에 사전훈련과 지시가 실험결과에 영향을 미치지 않도록 하였다.

연령별로 두 집단으로 나누었다. 한 집단(A)은 실험1의 집단A와 같이 15-16(평균15.4)세의 중고등학생들이며, 남자 11명과 여자 17명, 총28명으로 구성되어 있고, 다른 집단(B)은 실험2의 집단B와 같이 36-48(평균41.6)세의 성인으로 남자 5명과 여자 16명 총 21명으로 구성되어 있다. 성별과 오른손/왼손의 변인은 실험1에서와 같이 본 연구결과에는 영향을 미치지 않는 요소로 무시하였다.

관계절 수식의 선호를 알아보기 위해 '(관계절) 명사1 명사2'의 복합 명사구를 구성하였다. (실험a)관계절은 근거리 명사1을 수식할 수도, 원거리 명사2를 수식할 수도 있는 해석의 애매함을 가지고 있다. (실험b)명사1의 격조사의 변인을 제거하기 참가자들은 다시 명사1과 명사2 사이에 소유격조사 '-의'가 나타나는 경우와 그렇지 않는 경우 각각의 선호도와 해독속도를 별도로 측정하였다. (실험c)격조사가 나타나지 않는 경우 '명사1 명사2 '의 표현은 다시 논항구조상 NP1의 의미역 판단과 해독 속도를 추가로 측정하였다.

해당 실험에 사용된 표현의 수는 격조사의 유무와 수식명사의 유생성 조합에 따라 10쌍, 즉 40개이고, 그 수의 배에 해당하는 80개의 첨가(filler)를 포함해 총 120개의 표현으로 구성되었다. 이것을 정리 다음과 같다.

(48) 수식의 선호도와 반응속도
   a. 실험a: (관계절) 명사1-의 명사2
   b. 실험b: (관계절) 명사1 명사2
(49) 격 표시자 탈락과 의미역 선호도 및 반응속도
   실험c: 명사1 명사2

실험참가자들은 충분한 설명과 일정한 시간에 걸쳐 모의테스트를 실시한 다음, 모니터에 해당 두 표현을 순차적으로 각각 읽은 뒤 다음, 화면에서 수식관계를 묻는 질문에 대하여 키보드에서 해당 번호(1 혹은 2)를 누르게 하여 답하게 하였다. (실험a)는 아래 예에서 보듯이, 괄호 속 (관계절)이 문맥에 따라 근거리 명사 '친구' 혹은 '창문'을 수식할 수도 있고, 원거리 명사 '아들' 혹은 '손잡이'를 수식할 수도 있다.

(50) a. (운동 선수인) 친구의 아들
   b. (재질이 튼튼한) 창문의 손잡이

유생성 변인을 제거하기 위하여 명사1과 명사2를 유생성에 따라 동수로 구성하였다. 실험참가자들은 문맥이 없이 각 표현들에서 수식 선호도에 따라 NP1 혹은 NP2를 선택하였다.

실험은 격조사 존재유무의 변인을 고려하여 (51)과 (52)에서 보듯이 격조사 '-의'의 탈락에 따른 의미단위 처리의 변화를 살펴보았다.

(51) a. (사고 당한) 장군의 딸
    b. (사고 당한) 장군 딸
(52) a. (관리가 잘 된) 아파트의 공원
    b. (관리가 잘 된) 아파트 공원

여기서도 역시 유생성 변인을 제거하기 위하여 각각 동일한 숫자의 유(무)생성 명사로 구성하였고, 참가자들은 (실험a)에서와 같이 각각의 표현을 모니터로 읽은 다음 관계절이 어떤 명사를 수식하는지를 선택하도록 하였고, 그러한 과정의 (해독)속도는 기록되었다.

또 다른 실험은 '명사1 명사2 '의 구성에서 각 명사들 사이의 의미역 해석의 선호도에 관한 것이다.

(53) a. 로마 침략
    b. 적군 공격

(53)에서처럼, 명사1(로마/적군)의 행위자성(agent)과 피동자성(patient) 해독의 여부에 대한 측정으로, 의미역의 선택은 결국 생략된 격 표시자의 판단(-가/-를)에 달려있다.

두 연령 집단 간의 수식 선호도에 대한 실험 결과는 (표3)과 같다. 실험참가자들은 수식대상을 관계절부터 먼 NP2를 선택하는 경향이 높았다. 구체적으로 집단A(10대)와 집단B(40대)에서 NP1의 수식은 45.5%와 29.8%이며, NP2의 수식은 54.5%와 70.2%으로, 연령이 높아질수록 원거리 NP2에 대한 수식 선호도가 높아진다는 것을 알 수 있다.

(54)

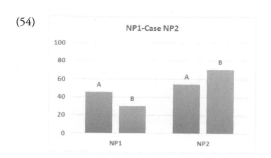

<표 8> 집단별 'NP1-의 NP2' 복합명사구 수식 선호도

격조사 존재여부에 대한 수식선호도 실험의 결과는 (55)과 같다.

(55)

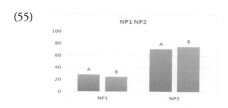

<표 9> 집단별 'NP1 NP2' 복합명사구 수식 선호도

'-의' 격조사가 나타나지 않은 경우 연령별 집단과 무관하게 모두 원거리 명사 NP2 수식의 선호도가 높게 나타났다. 보다 구체적으로, 격조사가 나타나지 않는 경우가 격조사가 나타나는 경우보다 두 집단 간 유사성이 높은 것으로 나타났는데, 그 수치는 NP1에 대한 수식은 28.7%, 24.6%이며, NP2에 대한 수식은 각각 71.3%, 75.4%이다. 이러한 결과는 한국어에서 격조사 생략 여부가 수식표현의 선택에 영향을 주지 않는다는 것을 보여준다.

해당 실험에서 생략된 격조사의 NP1 의미역 해석 결과는 다음과 같다.

(56)

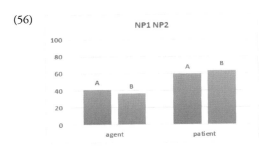

<표 10> 집단별 NP1 의미역 해석 선호도

NP1에 대하여 집단A(10대)와 집단B(40대)의 행위자역(agent) 해석의 선호도는 40.9%, 36.8%이고, 피동자역(patient) 해석의 선호도는 각각 59.1%와 63.2%이다. 이러한 결과는 한국어에서 목적격조사(피동자역 해석)의 생략 선호도가 높고, 따라서 NP1을 피동자역으로 해석하게 되는 경향이 높게 나타나는 것으로 보인다.

한편, NP1의 의미역 해석에서 두 집단 사이의 해독속도에 대한
결과는 아래 (57)과 같다.

(57)

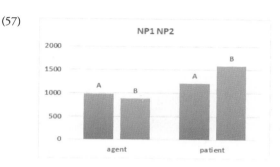

<표 11> 집단별 NP1 의미역해석 반응속도

NP1의 행위자역 해석의 경우 두 집단의 해독속도는 988ms,
877ms이며, 피동자역 해석의 경우는 각각 1208ms와 1588ms이다.
이러한 결과가 시사하는 바는, 비록 목적격조사(피동자역)의 생략이
선호되지만 표현의 첫 어휘를 행위자가 아닌 피동자로 해석해야하
는 부담에 대한 심리적 실체가 있음을 볼 수 있다.

이상의 실험들에서 두 집단 간 수식 선호도 및 의미역 해석에서
변화의 흐름을 포착할 수 있었다. 그러나 실험에서 집단 각각의 값에
대한 신뢰도는 만족하지만 집단 간의 차이는 유의하지 않았다. 비록
노화가 진행될수록 원거리 수식의 선호도가 높아지고, 격조사가 생략
된 명사를 피동자역으로 판단하는 경향이 점차 늘어남에도 불구하고,
그 차이는 유의한 값(T=1.808, 1,723, 1,136, p>.05)이 아닌 것으로
판명되었다. 이것은 통사단위 정보처리에서 인지노화에 대한 영향이
집단(B:40대)에 나타난 것에 비해, 의미단위 정보처리에서는 동일연

령대 집단에서 유의한 변화를 보이지 않았다는 것이다.

　두 실험의 결과에는 다음과 같은 시사점이 있다. 첫째는 인지노화에 따라 음성언어 정보와 같이 처리속도에 밀접하게 연관되거나, 어휘추출 등의 과정에는 비교적 일찍 기능저하가 감지되지만, 통사 및 의미단위 정보처리에는 그 변화가 비교적 늦게 나타난다는 점. 둘째는, 통사단위 정보처리(실험A)에서는 집단B(40대)에서 이미 유의한 언어변화가 나타나기 시작하지만, 의미단위 정보처리(실험B)에서는 같은 연령집단임에도 불구하고 유의한 언어변화가 감지되지 않는다는 점에서 의미영역이 통사영역보다 더 오래 유지된다는 점. 셋째는 어휘추출과 음성발화의 경우는 언어기능 저하로 볼 수 있는 현상이 나타나지만, 통사와 의미단위에서는 인지노화에 따라 언어(추이)변화로 나타난다는 점. 넷째는 따라서 인지노화에 따른 언어변화는 각 영역에서 순차적으로 나타난다는 점. 다섯째는 비록 인지노화가 시작됨에도 불구하고, 어휘와 음성단위와는 달리 통사와 의미단위 정보처리 기능의 변화는 오랫동안 발생하지 않는 것에 대한 이유를 밝혀야 한다는 점이다.

　마지막 시사점에 대하여 최근 보고되는 신경영상(neuroimaging) 실험결과를 참고할 필요가 있다. 연구결과에 따르면, 노령 층의 성인들이 다양한 인지능력을 기반으로 하는 과업을 수행하는 동안 뇌 활동량의 증가를 보인다고 한다. Burke and Shafto(2004)는 (그림1)에서 어휘를 정확히 추출하는 경우(좌측)와 설단현상을 보이는 경우(우측)를 비교하며 신경조직 사이의 연결망(connectivity)의 활동성 차이가 나타난다고 주장한다. 즉, 설단현상을 더 자주 보이는 노령

성인들에게는 전두엽 하부와 죄뇌 전엽섬, 우뇌 전두엽 중층부, 그리고 전두엽 대상피질 간의 상호연결망에서 현격한 활성화가 나타난다는 사실을 밝힌다.

이처럼, 인지노화로 인한 변화를 추적하는 최근의 연구들은 두뇌의 특정 활동영역을 개별적으로 포착하는데서 탈피하여, 두뇌의 여러 영역 간 신경조직 연결망의 활동성에 더 집중하고 있다. 일반적으로 피질은 광범위한 기능의 신경조직을 포함하는 부위이기 때문에, 언어를 포함하여 다양한 인지정보를 처리하는데 중요한 역할을 하는 것으로 알려져 있다. 신경조직은 두뇌의 다중 상호활동으로 형성하고, 부위별 상호 연결성에 따라 기능적으로 특성화(specialized) 임무를 맡게 된다.

Meunier et al.(2013)은 젊은 성인들의 두뇌 전반이 최적합의 조합 구성이어서 각 구역별 네트워크 융합(integrated)이 잘 이루어지기 때문에 상대적으로 네트워크 간의 연결성은 약하게 나타난다고 제시한다. 이들은 한편 휴지기(resting-state)와 과업수행(task-based) 중의 연구를 통해, 노화는 이러한 조합구성을 방해해서 네트워크들 내부의 융합을 저해하고, 따라서 네트워크 간의 연결성을 증폭시킨다고 한다. 이렇게 생물학적 두뇌 노화에 의해 떨어진 신경학적 전문성은 두뇌 전반에 걸친 네트워크 구성의 조합의 저하를 야기한다.

의미단위 정보처리에서 나타나는 뇌신경망의 활성화에 대한 연구는 Kahlaoui et al.(2007)에 나타난다. 이들은 두 연령대의 집단을 대상으로 의미단위 수행능력을 비교한 실험에서, 연령에 관계없이 두 집단은 모두 양반구체에서 특별한 혈중산소의 증가를 보이는 등 의미정보 처리 과정에서 유의한 반구체 반응차이를 보인다고 밝힌다.

그러나 노령 층의 집단에서만은 전두엽과 측두엽을 포함하여 양측에서 더 넓은 구역의 활성화가 두드러지게 나타났다. 이것은 노령층 집단에서 의미정보 처리과정의 변화가 직접 발견되지는 않지만 노화의 과정에서 생긴 언어기능 저하를 보전하기 위하여 양 반구체가 모두 활용하고 있다는 것이 된다.

이상에서 볼 때, 다양한 연구의 결과에서와 같이 인지노화가 언어수행의 변화에 큰 영향을 미치지만 모든 영역에서 일어나는 것이 아니라 정보처리 속도와 기억력과 같은 인지능력에 의존하는 영역 등 특히 언어 산출 영역에서 비교적 일찍 나타나고, 통사와 의미단위 정보해독 능력은 상대적으로 오랫동안 유지된다고 본다. 이 처럼 인지노화에도 불구하고 그리고 실제로 두뇌 조직의 해부학적 노화가 시작되었음에도 불구하고, 언어수행의 일부 영역들이 오랫동안 유지될 수 있는 것은 인간이 두뇌노화로 신경학적 전문성이 떨어져 두뇌 전반에 걸친 신경조직망 구성조합의 저하를 감지하고 이를 보완하기 위해 조직망 간의 연결망을 보상 강화하는 일정 기간이 있기 때문이라고 여겨지며, 이러한 강화현상이 통사와 의미영역에서 일어난다고 보겠다.

노화는 인간의 많은 기인지능의 변화를 야기한다. 특히 언어수행에서 음성언어의 정보처리 속도가 느려지고, 특정 어휘 및 그 의미 추출이 지체되거나 오류가 발생하게 되는 경우가 빈번해 진다. 그러나 최근 신경인지 연구는 신경조직간 연결망 활성자료를 제시하며, 노화로 인해 언어의 모든 영역에서 변화가 발생하는 것이 아니며, 특히 통사와 의미단위 정보처리는 노화가 상당히 진행된 고령의 연령층에서만 나타날 수 있다고 제안한다.

이러한 주장을 근거로 생물학적 노화 이전 단계인 10대와 초기단계인 40대, 그리고 후기에 해당하는 60대의 세 집단에서 통사와 의미단위 정보처리에서 어떠한 변화가 포착되는지를 살펴보았다. 그 결과, 선행연구에서와 같이 어휘단위와 음성발화 기능에 비해, 통사와 의미단위 정보처리가 오래 유지됨을 확인하였고, 더 나아가 통사영역보다 의미영역의 기능이 더 오래 보존된다는 증거를 새롭게 제시하였다. 또한 인지노화에도 불구하고 통사 및 의미정보 처리가 유지될 수 있는 이유는, 노령 층의 화자는 두뇌 각 신경조직의 기능이 떨어진 만큼 조직 간의 연결성을 더 활성화하여 보상효과를 얻으려는 노력을 하기 때문이라는 제안을 수용하며, 이것에 대한 보다 구체적인 논의는 다음으로 미룬다.

제 5 장
마치며

언어의 본질에 대한 연구는 언어를 구사하는 인간의 심성(mind)를 밝히는 데 있다. 한편, 언어를 의사 소통의 수단으로 보는 시각에서는 언어라는 도구로 발화되는 문장에서 일정한 규칙성과 경향(tendency)를 발견하게 된다. 이러한 규칙과 경향에는 언어 화자들의 많은 것들이 내재되어 있고, 이것을 밝히는 것 또한 중요한 연구의 대상이 되고 있다. 본 저서에서는 세계의 여러 지역 언어들을 살펴봄에 있어 언어화자의 독특한 표현 방식에 해당하는 수동태를 중심으로 비교 분석하고 상호간의 유사점과 차이점을 제시하고자 한다.

　　이러한 논의를 통해 각 언어가 가지고 있는 표현 방식의 차이, 그러한 차이를 유발하는 요인들, 그리고 언어 간 그러한 요인들의 효력의 차이, 이러한 차이를 유발하는 원인 등을 살펴보고자 한다. 이러한 과정은 언어란 그 언어의 화자들, 거주하는 지역, 그 문화와 사고 등 해당 언어와 관련되는 많은 정보들을 알 수 있다는 가정을 토대로 하고 있다. 즉, 언어의 표현은 그 언어 화자들의 인간의 지각과 사고와 밀접한 관계가 있고, 언어행태의 여러 특징들이 그 언어 화자가 가지고 있는 지각과 사고 뿐 만 아니라, 이를 형성하는데 영향을 주었을 문화, 지역, 역사, 정치, 경제 등 많은 요인들이 알아 낼 수 있겠다는 가능성을 근거로 한다.

본 저서에서는 언어의 행태 중에서 특정 문장의 형식을 중심으로 논의하는데, 특히 태(voice)를 중심으로 진행한다. 능동태와 수동태로 나누어지는 태는 유사한 어휘로 구성되고 상호 호환적이라고 알려져 있으나, 태의 활용은 언어마다 다를 뿐 아니라 능동태와 수동태가 보여주는 의미적 역할이 아주 크기 때문에, 언어별 수동태의 유형과, 활용 빈도, 어휘와 문법적 유사/차이점, 그리고 해당 화자들이 가지는 수동태에 대한 심리적 실체를 살펴봄으로서 지역 언어들에 내재되어 있는 내용들을 밝힐 수 있다고 보았다.

일반적으로 수동태는 '행위자성(agentivity)의 약화(underscoring)되거나 문장에서 삭제되는 것으로 특징화 되고 있다. 즉 동사(술어)가 지칭하는 행위의 주체에 대한 중요도가 감퇴하거나 사건에서 완전 삭제되어 버려 행위자성을 무시하거나, 중요하게 생각하지 않거나, 혹은 의도적으로 제거하려는 목적을 위해 선택되는 형식이 수동태라는 것이다. 이와 동시에 능동의 목적(object)가 사건의 대상(theme)/피동자(patient)에 해당하는 역할에서 그 문장 초점을 받을 만큼 그 기능이 강화(promotion)된다고 본다.

앞에서 이미 언급하였듯이 사건(event)에서 행위자성이 약화된다는 것은 해당 언어의 문화적 측면을 반영한다고 본다. 남아시아의 여러 언어들에 나타나는 수동태의 공통점은 수동태가 고난(adversity)이라는 의미를 가진 어휘의 삽입니다. 사건의 행위자보다는 피동자

(patient)에 초점이 이루어지고 피동의 대상은 고난의 과정을 겪게 되는데 이러한 의미적 변화를 보여주기 위해 선택되는 문형이 수동태이라는 것이다. 문화적으로 행위자성을 약화시키려는 현상이 팽배하다면 그 언어에는 상대적으로 수동태의 선택이 높을 수 있고, 이는 수동형을 선택하게 하는 자질이나 특성이 두드러지게 표출되는 언어적 특성을 가질 수 있기 때문이다.

본 저서에서는 세계 여러 지역을 대표하는 언어들의 수동태에 대한 특성을 비교 분석함으로서 지역 간의 문화와 연관하여 살펴보았다. 여기에서 논의되는 언어는, 영어와 서반아어, 중국어, 일본어, 미얀마어, 한국어, 베트남어, 태국어, 그리고 여러 지역의 크레올 등이었다. 그리고 이러한 각 언어 별 수동태 분석은 궁극적으로 언어의 보편성와 다양성에 대한 문제 하에서 논의하였으며, 특히 생성문법의 원리와 매개변항 이론(principles and parameters theory)의 틀 속에서 살펴보았다.

즉, 일반적 활용의 능동태에 비해 수동형은 주어 혹은 행위나 상태의 주체를 사용하지 않거나 문장의 뒷자리로 넘김으로서 생길 수 있는 의미상의 변화를 가져오기 때문에 수동태를 선택하여 사용하는 데에는 나름의 이유가 있을 것이다. 지금까지 지역 간 언어들의 수동태의 다양한 종류를 살펴보고 분류하고 그 특성을 살펴보았다. 그 시작은 수동태가 화자들과 언어공동체 더 나아가 문화, 역사 등의 영향으로 수동태 사용의 경향에 차이가 있을 것이라는 가정이었다. 실제로 언어들은 다양한 의미의 수동태를 가지고 있고 그 분포와 양상 그리고 경향은 화자들이 가지고 있는 심리적 실체를 통해 논의하였다.

참고문헌

Adger, D. 2003. *Core Syntax: A Minimalist Approach.* Oxford University Press.

Amastae, J. 1983. Agentless constructions in Dominican Creole. *Lingua* 59, 47-75.

Aslin, R., E. Johnson, J. Saffran and E. Newport. 1999. Statistical Learning of Tone Sequences by Adults and Infants. *Cognition* 70, 27-52.

Atchley, R. and R. Vitevich. 2006. Language Processing Across the Life Span: New Methodologies to Study Old Questions. *Brain and Language* 99, 224-225.

Baker, M. 2009. Language universals. *Behavior and Brain Sciences* 32, 448-449.

Baker, M. Roberts, I. and K. Johnson. 1989. Passive arguments raised. *Linguistic Inquiry* 20, 219-251.

Balthasar, B. 2005. Absolute and Statistical Universals. *Entry for the Cambridge Encyclopedia of the Language Sciences.*

Baslow, M. and D. Gulifoyle. 2007. Using Proton Magnetic Resonance Imaging and Spectroscopy to Understand Brain 'Activation.' *Brain and Language* 102, 153-164.

Beck, S. 1996. *Wh-constructions and Transparent Logical Form.* Doctoral Dissertation. Eberhard-Karls-Universität Tübingen.

Bhatt, R. 2003. Topics in the syntax of the modern Indo-Aryan languages. http://web.mit.edu/rbhatt/www/24.956.

Bickerton, D. 2007. Language Evolution: A Brief Guide for Linguists. *Lingua* 117, 510-526.

Boeckx, C. 2009. Round table: Language universals: Yesterday, today, and tomorrow, In M. Piattelli-Palmarini, J. Uriagereka, & P. Salaburu (eds.), *Of minds and language: A dialogue with Noam Chomsky in the Basque Country,* 195-220. Oxford, UK: Oxford University Press.

Boeckx, C. and K. Grohmann, 2004. Putting Phases into Prospective, ms.

Harvard University.

Boskovic, Z. 1997. LF Movement and the Minimalist Program. *Proceedings of NELS* 28.

Bosque, N. and M. Galleo 2011. Passives and argument structures. Ms. University of Maryland.

Burke, D. and M. Shafto. 2008. Aging and Language Production. *Current Directions in Psychological Science* 13, 21-24.

Cann, R., T. Kaplan and R. Kempson. 2005. Data at the Grammar-Pragmatics Interface: The Case of Resumptive Pronouns in English. *Lingua* 115, 1551-1577.

Cardoso, H. 2009. *The Indo-Portuguese language of Diu.* Ph.D. Dissertation. University of Utrecht, Utrecht.

Chandra, P. and A. Sahoo. 2013. Passives in South Asian Languages, *Acta Linguistica Asiatica* 3, 9-27.

Chomsky, N. 1986. *Knowledge of Language: Its Nature, Origins, and Use.* Praeger.

Chomsky, N. 1995. *The Minimalist Program.* MIT Press, Cambridge, MA.

Chomsky, N. 2001. Derivation by Phase. *MIT Occasional Papers in Linguistics* 15. Cambridge: MIT Press.

Chomsky, N. 2005. Three Factors in Language Design, *Linguistic Inquiry* 36, 1-22, MIT Press.

Chomsky, N. 2006. On Phase. Ms. MIT Press.

Citko, B. 2005. On the nature of merge: external merge, internal merge, and parallel merge, *Linguistic Inquiry* 36: 475–497.

Comrie, B. 1989. *Language Universals and Linguistic Typology*, Oxford: Basil Blackwell.

Cross, E. and D. Burke. 2004. Do Alternative Names Block Young and Old Adults' Retrieval of Proper Names? *Brain and Language* 89, 174-181.

Darwin, C. 1859. *On the origin of species.* Reprinted by Harvard University Press, 1964.

de Roojj, V. 1995. Variation. In Arends, J. Muysken, P. and N. Smith (Eds.), *Pidgins and Creoles: An Introduction.* Amsterdam, the Netherlands: John Benjamins. 53-64.

Dryer, M. 1992. The Greenbergian word order correlations. *Language* 68, 81-138.

Du Plessis, H. 1977. Wh-Movement in Afrikaans. *Linguistic Inquiry* 8, 723-726.

Dubinsky, S. and S. Simango 1996. Passive and stative in Chechewa. *Language* 72, 749-781.

Enard, W., M. Przweorski, S. Fisher, C. Lai, V. Wiebe, T. Kitano, A. Monaco, and S. Paabo. 2002. Molecular Evolution of FOXP2, a Gene Involved in Speech and Language. *Nature* 418, 868-872.

Everett, D. 2005. Cultural Constraints on Grammar and Cognition in Piraha: Another Look at the Design Features of Human Language, *Current Anthropology* 46: 4-36.

Farmer Andrew (1980) *On the Interaction of Morphology and Syntax*, Ph.d. dissertation, MIT.

Felser, C. 2003. Wh-copying, Phrases and Successive Cycliclity, *Lingua* 114, 543-574.

Ferguson, C., and D., Slobin. 1973. *Studies of Child Language Development.* New York: Holt, Rinehard, and Winston.

Ferreira, V. and G. Dell. 2002. Effect of Ambiguity and Lexical Availability on Syntactic and Lexical Production. *Cognitive Psychology* 40, 296-340.

Fitch, T., Hauser, M. and N. Chomsky. 2005. The Evolution of the Language Faculty: Clarifications and Implications. *Cognition* 97, 179-210.

Fox, D. 1999. Reconstruction, Binding Theory, and the Interpretation of Chains. *Linguistic Inquiry* 30, 157-196.

Frazier, L. 1987. Sentence Processing: A Tutorial Review. In Coltheart, M. (Ed.), Attention and Performance XII: *The Psychology of Reading.* NJ: Hillsdale. 559-586.

Gennari, S. and M. MacDonald. 2009. Semantic Indeterminacy in Object Relative Clauses. *Journal of Memory and Language* 58, 161-187.

Gibson, E. and T. Warren. 2004. Reading-time Evidence for Intermediate Linguistic Structure in Long-distance Dependencies. *Syntax* 7, 55-78.

Giedd, J. 2008. The Teen Brain: Insights from Neuroimaging, *Journal of Adolescent Health* 42, 335-343.

Givon, T. 2001. *Syntax: a functional-typological introduction* vol 1. John Benjamins.

Golgi, C. and S., Ramon y Cajal. 1911. *Histologie du Systeme Nerveux de 'homme dt des vertebres,* Paris: Maloine.

Greenberg, J. 1966. *Universals of language,* MIT Press.

Grodzinsky, Y. 2000. The Neurology of Syntax: Language Use Without Broca's Area. *Behavioral and Brain Sciences* 23, 1-71.

Haspelmah, M. 2010. Pre-established categories don't exist: consequences for language description and typology, *Linguistic Typology* 11, 119-132.

Hauser, M., Chomsky, N. and T. Fitch. 2002. The Language Faculty: What is It and How did It Evolve? *Science* 298, 1569-1579.

Holmberg, A. 1986. *Word Order and Syntactic Features in the Scandinavian Languages and English.* Ph.D. dissertation, University of Stockholm.

Huang, J. 1982. *Logical Relations in Chinese and the Theory of Grammar.* Doctoral dissertation. MIT.

Hur, S-W. 2016. *PF Interface and Preposition Stranding,* Ph.D. Dissertation, Pukyong National University.

Ivens F. 1987. The creole of Sao Tome. *African studies* 37, 235-288.

Jackendoff, Ray. 1997. The Architecture of the Language Faculty. Kayne, Richard. 1994. *The Antisymmetry of Syntax.* MIT. Cambridge.

Jackendoff, Ray and Steven Pinker. 2005. The faculty of language: what's special about It? *Cognition* 19:707-784.

Jaeggli, O. 1986. Passive. *Linguistic inquiry* 17, 587-622.

Kayne, R. 1983. Connectedness. *Linguistic Inquiry 14,* 223-249.

Keenan, E. and M. Dryer. 2006. Passives in the word's languages. Ms. University of Texas, Austin.

Kimenyi, A. 1980. *A relational grammar of Kinyarwanda.* University of California Press.

Klein, G. and G. Edgar. 2002. *The Dawn of Human Culture.* New York: John Wiley & Sons.

Koizumi, H. 2004. The Concept of 'Developing the Brain': A New Natural

Science for Learning and Education. *Brain & Development* 26, 434-441.

LaCharite, D. and J. Wellington. 1999. Passive in Jamaican Creole: Phonetically Null or Syntactically Active? *Journal of Pidgin and Creole Languages* 14, 259-283.

Larson, R. 1988. On the Double Object Construction, *Linguistic Inquiry* 19, 335-391.

Lasnik, H. 1996. On Certain Structural Aspects of Anaphora. ms. University of Connecticut.

Legate, J. 2004. Some Interface Properties of the Phase. Ms. Harvard University.

Lenneberg, E. H. 1967. *Biological foundations of language.* Wiley. Nicholas, the Language Sciences.

Leslie, M. 2002. Suddenly Smarter, www/stanfordmag.org2002July/August.

Lieberman, P. 1998. *Eve Spoke: Human Language and Human Evolution.* New York: Norton.

Loritz, D. 2002. *How the Brain Evolved Language,* Oxford: Oxford University Press.

MacDonald, M. and H. Christiansen. 2002. Reassessing Working Memory: Comment on Just and Carpenter (1992) and Waters and Caplan (1996). *Psychological Review* 109, 35-54.

MacKay Donald and Lori James. "Sequencing, Speech Production, and Selective Effects of Aging on Phonological and Morphological Speech Errors." *Psychology and Aging* 19, 93-107, 2004.

Mahajan, A. 1994. Active passives. *Proceedings of the thirteen WCCFL.*

Manzini, R. and K. Wexler. 1987. Parameters, Binding Theory, and Learnability, *Linguistic Inquiry* 18, 413-444.

May, R. 1985. *Logical Form: Its Structure and Derivation.* Cambridge, Mass: MIT press.

Merchant, J. 2000. Antecedent-contained Deletion in Negative Polarity Items. *Syntax* 3, 144-150.

Meyer, S. and K. Bock. 1992. The Tip-of-the-tongue Phenomenon: Blocking or Partial Activation? *Memory and Cognition* 20, 715-726.

Mitsugi S., MacWhinney, B. and Y. Shirai. 2008. Cue-based processing of relative clauses in L2 Japanese. In Prior, M. (ed.), *Proceedings of the second language research forum* 123-138. MA: Cascadilla.

Miyagawa, S. 2001. *The EPP, Scrambling, and Wh-in-situ.* MIT Press.

Montag J. and M. MacDonald. 2009. Measuring production difficulty in object relative clauses. Ms. The University of Wisconsin-Madison.

Montag J. and M. MacDonald. 2012. Long-term learning and immediate demands affect sentence production. Ms. The University of Wisconsin-Madison.

Mulders, I. 2005. Transparent Parsing: Phases in Sentence Processing. *MIT Working Papers in Linguistics* 49, 237-264.

Ndayiragije, J. 2000. Strengthening PF, *Linguistic Inquiry* 31, 485-512.

Newmeyer, F. 2007. Linguistic typology requires across linguistic formal categories, *Linguistic typology* 11, 133-157.

Nicholas, E. and S. Levinson. 2009. The Myth of Language Universals: Language Diversity and its Importance for Cognitive Science, *Behaviorial and Brain Sciences* 32, 429-492.

Nina Moffitt 2009. *Piraha Language Universals and Linguistic Relativity,* Senior Honors Thesis, Oberlin College.

Odling-Smee, J., N. Laland and W. Feldman. 2003. *Niche Construction: The Neglected Process in Evolution.* Princeton: Princeton University Press.

Park, F. and S. Park. 2008. Syntax in the Life Span: Age Factor. Ms. University of Wisconsin-Madison.

Park, S. 2005. A Neuroscientific Approach to Syntactic Movement. *Korean Journal of Linguistics* 30, 95-114.

Park, S. 2008. Age Parameter in Derivation. *Language Sciences* 15, 267-288.

Park, S. 2009. Grammar or statistics. *Language research* 16, 25-43.

Pathos, E. and J. Patrick. 2000. Linguistic Structure and Short Term Memory, *Behavioral and Brain Sciences* 24, 138-139.

Paus, T., Collins, C., Evans, G., Leonard, B. and A. Zijdenbos. 2001. Maturation of White Matter in the Human Brain" A Review of Magnetic Resonance Studies. *Brain Research Bulletin* 54.3, 255-266.

Payne, T. 1997. *Describing morphosyntax: a guide for field linguists.* CUP.

Pesetsky, D. 1997. Some Optimality Principles of Sentence Pronunciation. Barbosa, P., D. Fox, P. Hagstrom, M. McGinnis and D. Pesetsky (eds). *Is the Best Good Enough?* 337-385. Cambridge: MIT Press.

Pettito, L. 2005. How Brain Begets Language: On the Neural Tissue Underlying Human Language Acquisition. McGilvray, J. (ed). *The Cambridge Companion to Chomsky.* 84-101. Cambridge: Cambridge University Press.

Phillips, C. 2004. The Real-time Status of Island Phenomena. Ms. University of Maryland, College Park.

Piantadosi, S., Stearns, L., Everett, D. and E. Gibson. 2007. A corpus analysis of Piraha grammar: an investigation of recursion. Ms. MIT.

Piattelli-Palmarini, M. and J. Uriagereka. 2005. The Evolution of the Narrow Faculty of Language. *Lingue e Linguaggio* 1-52.

Pica, Pierre and William Snyder. 1995. Weak Crossover, Scope, and Agreement in a Minimalist Framework. *Proceedings of WCCFL,* 334-349.

Pinker, S. and R. Jackendoff. 2005. The Faculty of Language: What's Special About It?" *Cognition* 17, 1-36.

Posetsky, D. 1997. Some Optimality Principles of Sentence Pronunciation. In Barbosa, P., Fox, D., Hagstrom, P., McGinnis, M., and D. Pesetsky (eds.). *Is the Best Good Enough?* 337-385. MIT Press.

Prasithrathsint, A. 2003. A Typological Approach to the Passive in Thai, https://www.researchgate.net/publication/272563914.

Pritchett, B. 1988. Garden Path Phenomena and the Grammatical Basis of Language Processing. *Language* 64, 539-576.

Pullum, G. and B. Scholz. 2001. On the Distinction between Model-theoretic, Generative-enumerative Syntactic Frameworks. Morrill, G., P. de Grote and C. Retoré (eds). Logical Aspects of Computational Linguistics: *4th International Conference LACL,* 17-43. Berlin: Springer

Pulvermueller, F. 1995. Agrammatism: Behavioral Description and Neurobiological Explanation. *Journal of Cognitive Neuroscience* 7, 165-181.

Rabaglia, C. and T. Salthouse. 2011. Natural and Constrained Language Production as a Function of Age and Cognition. *Language and Cognitive Processes* 26, 1505-1531.

Radford, A. 2004. *English Syntax: An Introduction.* Cambridge: Cambridge University Press.

Ramon y Cajal, S. 1955. *Histologie du Systeme Nerveux.* Madrid: Consejo Superior de Investigationes Cientificas, Instituto Ramon y Cajal.

Raposo, E. 1987. Case Theory and Infl-to-Comp: The Inflected Infinitive in European Portuguese, *Linguistic Inquiry* 18, 85-109.

Rayner, K., M. Carson and L. Frazier. 1983. The Interacton of Syntax and Semantics during Sentence Processing: Eye Movements in the Analysis of Semantically Biased Sentences. *Journal of Verbal Learning and Verbal Behavior* 22, 358-374.

Reis, M. 2000. On the Parenthetical Features of German was wh-constructions and How to Account for Them. In Lutz, U. Muller, G. and A. Stechov (eds.). *Wh-scope Marking*, 359-407.

Richa, T. 2011. *Hindi verb classes and their argument structure alternations.* Cambridge Scholars Publishers.

Ross. R. 1967. *Constraints on Variables in Syntax.* Doctoral Dissertation. MIT.

Saffran, J. 2003. Statistical Language Learning: Mechanisms and Constraints. *Current Directions in Psychological Sciences* 12, 110-14.

Saito, S. and H. Hoji. 1983. Weak Crossover and Move alpha in Japanese, *Natural Language and Linguistic Theory* 1, 245-259.

Seidenberg, Mark. 1994. Language and Connectionism: The Developing Interface. *Cognition* 50, 385-401.

Shibatani, M. 1985. Passives and related construction: a prototype analysis. *Language* 61, 821-848.

Shlonsky, Ur. 1992. Resumptive pronouns as a last resort. *Linguistic Inquiry* 23: 443-468.

Siewierska, A. 2005. Passive constructions. World Atlas of linguistic structures. OUP.

Sigurðsson, H. 1996. Icelandic Finite Verb Agreement. *Working Papers in*

Scandinavian Syntax 57, 1-46. University of Lund.

Solomon, E. and N. Pearlmutter. 2004. Semantic Integration and Syntactic Planning in Language Production, *Cognitive Psychology* 49, 1-46.

Taraldsen, T. 1995. On Agreement and Nominative Objects in Icelandic. Hubert, H., S. Olsen and S. Vikner (eds). *Studies in Comparative Germanic Syntax,* 307-327. Dordrecht: Kluwer.

Thornton, T., MacDonald, M, and J., Arnold. 2000. The Concomitant Effects of Phrase Length and Informational Content in Sentence Comprehension, *Journal of Psycholinguistic Research* 2, 195-203.

Tomlin, R. 1984. The Frequency of Basic Constituent Orders. *Papers in Linguistics* 17, 163-196.

Travis, L. 1984. *Parameters and the Effects of Word Order Variation.* Ph.D. dissertation, MIT.

Traxler, M., Morris, R. and R. Seely. 2002. Processing subject and object relative clauses: evidence from eye movement. *Journal of memory and language* 47, 69-90.

Trueswell J., M. Tenenhaus and C. Kello. 1993. Verb-specific constraint in sentence processing: separating effects of lexical preference from garden-paths. *Journal of Experimental Psychology: Learning, Memory, and Cognition* 19, 528-553.

Ura, Hiroyuki. 1996. *Multiple Feature-Checking: A theory of grmmatical function splitting.* Ph.d dissertation, MIT. Cambridge.

Uriagereka, J. 1998. *Rhyme and Reason: An Introduction to Minimalist Syntax.* MIT Press, Cambridge, MA.

Warren, W., Clayton, D. and H. Ellengren. 2010. The Genome of a Songbird. *Nature* 464, 757-762.

Wasow, T. 1997. Remarks on Grammatical Weight. *Language Variation and Change* 9, 81-105.

Webelhuth, G. 1993. *Principles and Parameters of Syntactic Saturation.* Oxford Studies in Comparative Syntax 1. Oxford.

Wells, J., Christiansen, M., Race, D., Acheson, D. and M. MacDonald. 2012. Experience and Sentence Processing: Statistical Learning and Relative Clause Comprehension. *Cognitive Psychology* 58, 250-271.

Wernicke, C. 1874. *Der Aphasische Symptomencomplex.* Breslau: Cohn and Weigert.

Wilder, C. 1997. Some Properties of Ellipsis in Coordination. *Studies on Universal Grammar and Typological Variation.* Artemis Alexiadow & T. Allen Hall (eds). John Benjamins, 59-107.

Wolfgang, E., Simon, P., Cecoloa, L., Victor, W., Takashi, K., Anthony, M., and P. Svante. 2002. "Molecular Evolution of FOXP2, a Gene Involved in Speech and Language," www.nature.com/nature vol418/22August2002.

Wright, P., Randall, B., Marslen-Wilson, W. and L. Tyler. 2012. Dissociating Linguistic and Task-related Activity in the Left Interior Frontal Gyrus. *Journal of Cognitive Neuroscience* 23, 403-411.

Yafei, L. 1996. An Optimized UG and Biological Redundancies, *Linguistic Inquiry* 32, 617-629.

Yang, C. 2002. *Knowledge and Learning in Natural Language.* Oxford: Oxford University Press.

Yang, D. 1994. *The Theory of Grammar.* Hankook Mwunwhoa Press.

Yatsushiro, Kazuko (1996) On the Unaccusative Construction and Nominative Case Licensing, ms. University of Connecticut.

Yeon, J. 2011. *Hankuke Kwumwun Yuhyungron.* Taehaksa Publication.

Yoon, S. 1997. Scrambling as THEME-feature Driven Movement. *Proceedings of Seoul International Conference on Linguistics* 4, 310-325.

Zec, D. and S. Inkelas. 1990. *The Phonology-Syntax Connection.* The University of Chicago Press.

박순혁

Univ of Wisconsin, Madison 언어학박사
부경대학교 교수

저술
해양언어의 보편성과 다양성. 한국학술정보. 2017
Linearization Strategies in Korean Language Production, Al Otaibi
공저. 언어연구. 2016
영어 전치사 of 재고찰. 남승홍 공저. 인문사회과학. 2016
인지 노화와 언어. 현대문법연구. 2015.
Noun Accessibility and Syntactic Planning among Age Groups.
현대영어영. 2015.

지역의 언어와 표현

초판인쇄 2019년 1월 7일
초판발행 2019년 1월 7일

지은이 박순혁
펴낸이 채종준
펴낸곳 한국학술정보㈜
주소 경기도 파주시 회동길 230(문발동)
전화 031) 908-3181(대표)
팩스 031) 908-3189
홈페이지 http://ebook.kstudy.com
전자우편 출판사업부 publish@kstudy.com
등록 제일산-115호(2000. 6. 19)

ISBN 978-89-268-8690-8 93790